KB103507

내일을 위한 내 일

일 잘하는 여성들은 어떻게 내 직 업 을 발견했을까?

내일을 위한 내일

이다혜 인터뷰집

윤가은 양효진 전주연 정세랑 엄윤미 이상희 이수정

창비

#365daysofpractice. 인스타그램에서 종종 검색하는 해시태그다. 띄어 쓰면 '365 days of practice', 즉 '365일 동안 연습하기' 정도의 뜻인데, 검색 결과는 대체로 고전 음악을 배우는 이들이 촬영한 셀프 연습 영상이다. 오늘 할 일을 미루고 싶을 때 낯선 이들이 매일 꾸준히 연습하는 영상을 찾아본다. 이 중에 미래의 유명한 연주자들이 있을 것이다. 하지만 유명해지는 게 전부는 아니다. 누군가가 진학을 위해, 취미를 위해 오늘의 연습을 해 나가는 모습을 보는 게 위안이 된다.

진로 고민을 평생 하게 될지는 몰랐다. '장래 희망'란을 채우던 중학생 때, 고등학생 때 상상했던 삼십 대나 사십 대는 모든 게 정해져서 권태로운 시간이었다. 살아 있는 동안 끊임없이 내 일, 내 자리를 근심하고 발명하며 살아야 할 줄 몰랐다. 어른들은 늘 모든 문제에 (정답대로 사는 것 같진 않아도) 확신을 가진 사람들로 보였으니까. 이제 알겠다. 확신이 있어서가 아니라, 스스로 확신하는 제스처 없이 버티기가 힘든 시간이 올 수 있다는 걸. 좀 알겠다 싶어질 때면 기반이 흔들리는 일이 생긴다. 기회인 줄 알고 잡았던 것은 형체가 없었다. 불운인 줄 알고 주저앉아 울면서 꾸역꾸역 한 일이 쌓여서 후일 큰 성취의 든든한 기반이 되기도 했다.

『내일을 위한 내 일』은 코로나19라는 팬데믹 이전에 시작된 프로젝트다. 처음에는 지역성 감염병처럼 보였던 것이 팬데믹이 되고, 지금 이 글을 쓰는 2020년 12월 필수적이지 않은 모든 바깥 활동을 중단하게 되기까지, 앞날에 대한 막연하던 근심은 점점 구체적이 되어 갔다. 팬데믹 이후의 삶이 무엇이든, 이전의 삶이 순순히 돌아오지는 않을 것으로 보인다. 먹고사는 문제는 자아실현처럼 낭만이 묻은 표현 대신 절박한 생존의 문제가 되었다. 지속 가능한 삶을 상상하기 위해 지속 가능한 일을 찾는 여정은 그렇게 시작되었다.

일하는 사람을 만나면 만날수록, 그 자리에 이르기까지의 여정이 제각각이라는 데 놀란다. 한 분야에서 일하는 사람들이 모두 같은 성향은 아니고, 같은 나이라고 해서 비슷하지도 않다. 모두 자기 방식으로 일을 시작하고, 그만두고, 만들고, 옮기고, 버티며 자리를 잡아 간다. 다른 이의 눈에 안정적인 일을 하는 사람이라 해도 막상 이야기를 시작하면 어려운 사정투성이일 때도 많다. 일의 방식과 가치는 시대에 따라 변화하고, 일의 전망이라는 것 역시 부침을 겪는다. 나는 그대로 있는데 세상이 변한다. 변화를 따라가려는 노력은 어떤 때는 성공을 거두어 세상이 나를 따라오는 듯한 착각을 느끼게 할 때가 있는가 하면, 이전에 성공한 방식대로 아무리 성실히 노력해도 보답이 돌아오지 않는 때도 있다. 게다가 같은 일이라 해도 그 일을 하는 동료들이 같지 않으니 노하우를 일반화할 수 없고, 어떤 성공의 공식도 영원히 지속되지 않는다. 불평등으로 인한 불만족이 문제가 되는 일도 있다. 이것은 개인이 책임져야 할 문제가 아니라 사회의 모두가 의식적으로 바꿔 가야 할 직업 문화다.

『내일을 위한 내 일』 인터뷰이 선정 기준은, 연령과 분야를 가능한 한 다양하게 하는 것이었다. 조직에 속해 있는 사람과 혼자 일하는 사람과 프로젝트마다 새로운 사람을 만나는 사람이 고루 섞여 있다. 한 가지 일을 계속하는 사람도 있지만 여러 회사를 옮기거나 직종을 옮기며 일하는 사람도 있다. 커리어의 시작은 채용되는 것에서부터지만 지금은 채용하는 일을 하면서 얻게 된 통찰을 나누어 준 사람도 있다.

일과 직업에 대한 인터뷰를 청했을 때, 인터뷰이들이 응하면서도 조심스러워했던 부분은 과장된 성공담처럼 들릴까 하는 것이었다. 앞길이 훤히 보였던 것이 아니라고, 잠깐 멈추거나 우회하는 동안 실패했다고 좌절하기도 했다고, 어떻게 하면 되는지 섣불리 재단하는 말은 하고 싶지 않다고 강조하는 말을 몇 번이나 들었다.

내가 취업을 준비하던 시대의 유망 직종과 20년을 일한 시점의 유망 직종은 놀라울 정도로 차이가 크다. 게다가 인간은 점점 오래 살고 있다. 100세 시대에는 정년퇴직을 55세에 해도 45년을 더 살아야 한다. 돈이 많으면 고민은 덜겠지만, 일은 사회적 관계를 뜻하기도 한다는 점을 잊어서는 안 된다. N잡은 생존 때문에, 2모작 혹은 3모작이라고 불리는 중년 이후의 전업은 장수 때문에 점점 중요해진다. '다른 일'을 상상하는 능력이 그래서 중요하다.

동시대에 한창 일하는 사람들이 교차하는 지점에 있는 책을 만들고 싶었다. 이 책에서 소개하는 이들과 다른 직종에서 일한다 하더라도, 일의 성격이나 사람과 관계 맺는 방식이 비슷하거나 추구하는 가치가 비슷한 사람을 찾는 일은 누구에게나 가능하리라 믿는다. 처음 일을 구하는 사람이든 다른 방향으로 선회하려는 사람이든 이 책에 실린 이야기들로부터 힌트를 얻기를 바란다.

인터뷰를 진행하면서 보니, 어려서 하고자 했던 일을 착실하게 단계 밟아 하게 된 사람이 있는가 하면, 전혀 예상하지 못한 진로를 개척하듯 움직여 지금의 자리에 다다른 사람이 있다. 이 책에서 소개하는 분들의 이력은 여기서 끝나지 않을 것이다. 지금까지처럼, 앞으로도 상승과 하강이, 지난한 정체기가 있을 것이다. 부디 바라기는, 인터뷰이들이 후일 언젠가 삶의 어려운 시기를 지나게 될 때, 이 책에서 자신이 한 말로부터 힘을 얻고 용기를 낼 수 있었으면 한다. 당신의 말로부터 내가 힘을 내고 용기를 얻은 것처럼. 우리가 서로 연결되어 있다는 건 그런 의미일 것이다.

2019년 가을 『출근길의 주문』(한겨레출판 2019)을 쓰면서 처음에는 일하는 여성들의 인터뷰를 함께 실으려고 했다. 여러 사정 때문에 출간 일정을 빠르게 잡는 편이 낫겠다는 생각이 들어 출판사를 알아보고 원고를 마무리하면서, 가장 아쉬웠던 것은 인터뷰를 통해 구체적인 일의 풍경을 전달할 수 없었다는 데 있었다. 『내일을 위한 내 일』이 모든 직군을 담지는 못했지만, 그럼에도 불구하고 좋은 시작이 될 수 있다고 믿는다. 『내일을 위한 내 일』을 제안해 주신 창비 청소년 출판부에 감사드린다.

식물세밀화가로 일하는 이소영 작가가 본인의 일에 대해서 들려준 말을 나는 무척 좋아한다. 대학원에서 원예학을 전공한 그는 국립수목원에서 식물학 그림을 그리면서 식물세밀화가로 일을 시작했다. 식물에 대한 관심이 치솟으리라 예측하고 결정한 진로는 아니었다. 오히려 예상보다 너무 빨리 식물과 관련된 일이 주목을 받게 되었다고 한다. 20년이나 30년은 더 지나야 인정받을 수 있으리라 예상했다면서. 그 말이, 훗날 우거질 다음 세대의 숲을 상상하고 묘목을 살피는 마음가짐과 닮아 있어서 왜 나는 일찍 그런 넓은 전망을 그리지 못했을까 후회한 적이 있었다. 하지만 나에게는 이 책이(또한 내가 쓴 다른 책들이) 그렇게 천천히 열매를 맺는 숲을 조성하는 일이다.

『내일을 위한 내 일』을 시작하면서 정한 원칙이 몇 있었다. 인터뷰에 응하는 분들께는 인터뷰를 위해 들이는 시간에 상응하는 인터뷰 비용을 지급할 수 있도록 했다. 일반적으로 이루어지는 홍보를 위한 인터뷰와는 다른 성질의 인터뷰이기 때문이다. 그 과정에서 책 판매량에 따라 내가 지급받는 인세를 조정했는데, 이 책에 실린 말이 나의 것만큼이나 인터뷰이들의 것이기도 하다는 사실을 떠올리면 당연한 일이다. 인터뷰 시간은 촬영 준비에 필요한 시간까지 3시간을 넘기지 않도록 했다. 시간을 오래 들이고 인터뷰 이전에 사전 질문지를 꼼꼼하게 준비하는 것이 내 일이라고 판단해서였다. 어디에서도 이야기한 적이 없는 속사정을 듣는 것이 목표가 아니었으니, 인터뷰이 각자의 최선을 다한 집중으로 정돈된 표현을 전달받는 데 그 정도의 시간이면 충분했다. 이번 책에서는 STEM(science, technology, engineering, mathematics의 머리글자로, 과학, 공학, 기술, 수학을 뜻한다) 분야를 적극적으로 다루지 못했는데, 다음에는 그 분야에서 일하는 사람들을 만난 이야기를 전할 수 있기를 희망한다.

이 책은 위인전이 아니다. 진행형의 커리어를 쌓는 이들의 여정을 가능하면 과대 포장하지 않고 전하는 것으로 본분을 다할 수 있다고 믿으며 썼다. 전력을 다해 넘으면 넘을수록 더 높은 허들이 등장하는 듯한 날들에조차 노력한 만큼의 전진을, 향상을, 보람을 얻을 수 있다. 예상보다 자주 다른 사람의 지원을 받고 위기를 넘기게 되며 책 속의 사람 또한 당신에게 도움의 손길을 내밀 수 있다. 당장의 먹을거리와 먼 미래의 비전을 동시에 궁리해야 하는 날들에 『내일을 위한 내 일』이 함께 고민하는 책으로 많은 이들의 가까운 곳에 자리했으면 좋겠다. 우리 자신이 이 책에 나오는 누구보다도 뛰어나게 될 일을 기획하는 만큼이나, 옆자리에서 일하는 윤가은, 양효진, 전주연, 정세랑, 엄윤미, 이상희, 이수정의 든든한 동료가 되어 주었으면 한다. 함께 일할 줄 아는 사람이 더 멀리 갈 수 있다.

그 누구보다도, 공부든 일이든 이제 첫발을 떼는 청소년들에게 이 책을 바친다. 『내일을 위한 내 일』은 진로에 대한 불안을 먼저 겪은 사람들이 자기 자신을 믿은 기록임을, 생각하기만큼이나 행동한 기록임을 기억해 주었으면 한다. 이들의 경험을 레퍼런스 삼아 마음을 단단하게 키웠으면 한다. 좋은 일과 나쁜 일이 번갈아 온다는 것, 실패한 뒤 방향을 바꾸는 일은 부끄러워할 일이 아니라는 것을 기억하기를. 오늘의 열심이 내일의 경력이 된다.

좋기만 한
일은
없는 거니까

배구 선수
양효진

가장 나답고
가장
재미있게

바리스타
전주연

안 되면
되는 길로
간다

작가
정세랑

108

세상은 변하고
파도를
타야 한다

경영인
엄윤미

136

심드렁하게
계속하기

고인류학자
이상희

가치를 생각하면
멀리
볼 수 있다

범죄심리학자
이수정

못 하겠다는
생각은

서랍

속으로

) ᐧ ●

) ᐧ ●
ᐧ
(

*영화감독
윤가은

서강대학교 사학과를 졸업한 뒤 한국예술종합학교 영상원에서 영화를 공부했다. 단편영화 「사루비아의 맛」 「손님」 「콩나물」과 장편영화 「우리들」 「우리집」의 각본을 쓰고, 연출했다. 청룡영화상 신인감독상, 백상예술대상 영화 부문 시나리오상을 비롯해 클레르몽페랑국제단편영화제, 베를린국제영화제 등 국내외 영화제에서 수상했다. 어린이와 청소년을 주인공으로 한 영화를 꾸준히 만들며, 결코 단순하지 않은 그들의 세계를 세심하게 살핀다.

●

영화 「우리들」(2015)의 첫 장면은 피구를 하기 전, 반 아이들이 편을 나누는 모습이다. 가위바위보를 해 이긴 사람이 자기 팀원을 먼저 한 명 지명하는 식이다. 누구는 운동을 잘해서, 누구는 인기가 좋아서 뽑힌다. 가위바위보를 하는 아이들 뒤에 선 선이는 팀원을 고르는 순간마다 '이번에는 혹시 나일까.' 하는 표정으로 발돋움을 하거나 웃어 보인다. 좀 더 눈에 띄려고. 너무 요란하게는 말고.

편을 나눌 때 가장 먼저 지목되고 싶은 건 아니다. 다만 마지막까지 남고 싶지 않을 뿐이다. 욕심을 낸다면 중간보다는 약간 앞쪽이면 좋겠다. 아이들이 하나둘씩 팀을 찾아갈수록 이제는 '제발 마지막은 아니었으면.' '나만 남지 않았으면.' 하는 마음뿐. 그리고 그런 일이 일어난다.

윤가은 감독의 영화는 어린이 관객을 위한 드라마 서스펜스 스릴러 공포물이다. 단편영화 「콩나물」(2013)부터 장편영화 「우리들」과 「우리집」(2019)까지, 열 살 안팎의 어린이들이 나온다. 성인 관객들이 어린 시절을 돌이켜 보며 '그땐 그랬지.' 하는 회고에 빠져든다면, 어린이 관객들은 윤가은 감독 영화의 당당한 동세대 주인공이다. 십 대 관객들은 등장인물들이 경험하는 즐거움, 긴장, 두려움, 갈등에 생생하게 몰입한다. 「우리집」 개봉 때, 윤가은 감독은 성인 관객들로부터 아이가 보러 가자고 해서 같이 왔다는 말을 들었다. 단지 「우리들」이 교과서에 실렸기 때문만은 아니다.

카리스마 없이도
영화감독이 될 수 있나요

감독은 하나부터 열까지 영화의 모든 것을 결정하는 사람이다. 촬영 현장에서 주인공이 앉아 있는 커피숍 탁자 위에 머그잔을 놓을지 유리컵을 놓을지, 어떤 장면부터 찍을지, 지금 찍을지 빛이 좋을 때를 기다릴지, 밤에 비가 올 것 같은데 비 내리는 장면을 그때 찍을 생각인지, 현장에 있는 모든 사람들이 영화감독에게 와서 물어본다. 감독님, 어떻게 할까요?

모든 걸 결정하는 사람이 되려면 그만큼 자신감이 강하고 확신이 뚜렷한 사람이어야만 할까? 내성적인 사람도 현장을 '지휘'하는 창작자가 될 수 있을까. 영화 「우리들」 「우리집」을 연출한 뒤 어린이 관객들에게 차기작으로 「우리 반」은 어떻냐는 제안을 받기도 했다는 윤가은 감독을 제작사 아토 사무실에서 만났다. 그는 중학교 3학년 때 일찌감치 영화감독이 되겠다고 장래 희망란에 적었지만, 고등학교 3학년 때 적성 검사를 하고 선생님과 면담하며 예술적인 능력이 안 보인다는 말을 듣고 잠도 못 자고 펑펑 울던 시간을 거치기도 했다.

"어렸을 때부터 카리스마와 리더십이 있어야 한다는 말을 들었어요. 카리스마가 강한 친구들은 학교에서 도드라지잖아요. 웃기는 친구나 공부 잘하는 친구는 바로 눈에 띄고요. 저는 아니었어요. 영화감독이 되기로 결심한 다음에 관련한 글을 읽거나 인터뷰를 볼 때마다 감독으로서의 리더십, 카리스마에 대한 이야기가 자주 언급되니까 당황스러웠어요. 그 전에는 반장 후보에 올라도 못 한다고 거절했는데, 리더십을 경험해야 뭐라도 할 수 있다는 생각에 저를 시험하듯이 반장을 해 보기도 했어요. 감독이 되어 이끈다는 건 뭔지 정말 깊이 생각했고, 그게 나의 천성이랑 다른지 이십 대 내내 고민했어요. 제게는 진로에 대한 고민 중 리더십에 대한 부분이 굉장히 컸어요."

현재를 기준으로 돌아보면 윤가은 감독은 중학교 3학년 때의 꿈을 이룬 사람이지만, 꿈을 일찍 정했다고 영화감독이 되기까지 갈등이 없었던 것은 아니다. 가장 큰 부분은 자신의 성격에 대한 고민에서 기인했다. 중학생 때 하이텔 통신 영화퀴즈방에서 만난 언니, 오빠들이 감독을 하기 위해서는 인문학적 소양을 길러야 한다고 해서 사학과 종교학을 전공한 그는, 그 덕에 한동안 영화계 변두리에 있다는 마이너리티 정서를 느끼기도 했다.

"영화는 제게 메인스트림이고 저는 늘 변방에서 그 안으로 어떻게든 들어가려고 애쓰는 입장이었거든요. 그래서 어느 순간 그냥 인정했어요. 저는 누군가에게 카리스마 있게 지시할 수 있는 성격이 아니고, 나 자신도 못 믿는 팔랑귀라고. 그러니까 내가 만들 수 있는 방식으로, 내가 알고 있고 믿고 있는 이야기로 영화를 만들자고. 그래서 첫 단편 「사루비아의 맛」(2009)을 만들 때 촬영 감독님을 섭외

한 뒤 나머지 스태프를 전부 제 친구들로 꾸렸어요. 제 말을 잘 들어줄 수 있는 사람들로. 모르면 물어보고 같이 고민하며 만들어 가는 그 경험이 너무 좋았어요. 매번 이렇게 만들어도 되나 봐 하는 실험을 계속하면서 여기까지 온 것 같아요. 스태프들 만날 때 모르면 서로 물어볼 수 있는 사람인가를 중요하게 봐요."

상황과 상대에 집중하는
경청의 기술

요즘은 어떤 일이든 일찍 재능을 발견해서 투자하고 키워야 한다는 조바심을 많이들 느낀다. 그리고 그 '일찍'이 점점 더 빨라지는 중이다. 대학교에서 고등학교로, 고등학교에서 중학교로, 이제는 초등학교까지. 윤가은 감독의 가장 중요한 협업자인 십 대 연기자들의 경우도 비슷한 갈등을 하고 있지는 않을까.

윤가은 감독의 리더십은 주도권을 쥐고 갈등을 잘 다스려 자기 쪽으로 끌고 오는 방식이 아니다. 여러 종류의 리더십 중 그가 택한 방법론은 대화와 경청에 있다. 이 방법론은 십 대 배우들을 캐스팅하고 현장에서 협업하는 데에도 똑같이 적용된다.

　　"시나리오를 쓸 때는 주인공의 얼굴이나 성격에 대한 구체적인 이미지가 없어요. 이름만 있을 때가 많죠. 어린이들은 나이에 따라 신체 발육이 전부 다르니까 어느 단계의 발육 상태일지를 생각해요. 오디션은 5차 정도까지 봐요. 프로필 사진을 스튜디오에서 찍잖아요. 저는 애초에 공지할 때 자연스러운 모습, 가족과 대화하는 영상 같은 게 있으면 보내 달라고 해요. 스냅 사진 같은 걸 최대한 많이 보내 달라고 해서 제가 다 보죠. 거기서 거르는 건 얼굴이 아니라 키예요. 그다음에는 만나서 10~20분 정도 이야기하는 시간을 가져요."

　　일대일로 만나서도 작품에 대해 바로 논의하기보다는 편안한 질문을 주고받는다고 한다. 대화가 잘 통하는 배우들을 모은 뒤에는 그룹 오디션을 한다. 잘 통한다는 기준은 상황과 상대의 말에 집중하는지 여부다. 윤가은 감독이 연극 놀이 선생님 같은 역할을 맡고, 연출부 스태프들도 참여해서 간단한 촬영을 진행한다.

"제가 프로그램을 짜서 워밍업, 신체 훈련부터 좀 더 어려운 즉흥극까지 이끌고, 스태프들이 촬영해요. 그 영상을 다시 보면서 다음 오디션을 볼 배우를 추려요. 조금 오래 걸리죠. 공고를 낸 뒤 캐스팅 확정까지 못해도 3개월은 걸리는 듯해요."

그에게는 대화할 때 얼마나 집중할 수 있는지가 중요하다. 사실 나이와 무관하게 대화에 집중을 못하는 성인들도 많다. 자기 이야기만 한다든가 혹은 감독 마음에 드는 대답을 하려는 경우도 있다. 그런 건 대화라고 보기 어렵다는 것이다. 나름의 진심으로 솔직하게 아는 만큼 이야기하는 배우들에게 애정이 간다.

대화의 집중도는 즉흥극의 집중도로 연결된다. 결국에는 또래 친구들과 서로가 무슨 말을 하는지 듣고 반응하는 게 연기니까 거기서 진가를 발휘한다는 것이 그의 지론이다.

"그건 기술이 아닌 것 같아요. 그 친구가 살아온 모든 걸 걸고 이야기하는 거니까. 그럴 때 제일 좋아요. 그런 친구들 만나면 너무 신나요."

윤가은 감독이 십 대 연기자들에 대해 가장 여러 번 반복한 표현이었다. "그 친구가 살아온 모든 걸 걸고 이야기하는 거니까." 경청의 기술을 가진 사람과 일하고자 하는 윤 감독이야말로 경청의 기술을 갖춘 사람일 것이다. 하지만 그도 처음부터 확신하고 이렇게 작업해 온 것은 아니다.

책임질 수 있는 건
결과가 아니라 과정이다

윤가은 감독의 촬영 현장은 영화를 거듭하면서 진화하고 있다. 앞선 경험으로부터 배우려는 노력이 다음 현장을 더 나은 곳으로 만들어 간다. 두 번째 장편영화 「우리집」을 찍을 때 어린이 배우들과 함께하는 성인들에게 전하는 당부의 말이었던 '「우리집」 촬영 수칙'이 화제였다.

결과가 좋으면 과정이 어떻든 상관없을까? 그렇게 생각하고 사람을 희생시키는 일은 어느 분야에서나 벌어진다. 영화 촬영 현장 역시 마찬가지일 때가 적지 않다. 완성된 영화가 좋은 평가를 받고 흥행에 성공하는 것만큼이나 촬영 현장이 중요한 이유는 무엇일까.

"「우리들」이 제게는 여러모로 충격적인 경험이었어요. 배우들과 충분히 이야기를 나누고 시작한, 소통되는 현장이라고 믿었었는데 제가 어린이 시절을 까맣게 잊었다는 걸 뒤늦게 알게 됐어요. 어린 배우들의 체력과 마음 상태를 고려하지 않았다는 게 분명한 상황들이 속출했거든요. 저 하나만이 아니라 성인 스태프 모두에게 상처가 남았더라고요. 영화 만드는 사람은 즐기는 순간이 개봉부터 2~3개월밖에 안 돼요. 그런데 영화를 준비하고 만드는 과정은 2~3년이거든요. 그 긴 기간이 우리 인생이니까 과정이 즐겁고 안심할 수 있어야 한다고 생각했어요. 결과는 반 이상은 운이어서, 과정을 잘해 놓으면 잘한 것은 봐 줄 거고 아닌 것은 평가를 받을 거라고."

책임질 수 있는 건 결과가 아니라 과정이다. 그래서 「우리집」을 시작하기 전에 「우리들」을 같이했던 스태프들을 만나 필요한 사항을 정리해서 만든 문서가 '「우리집」 촬영 수칙'이었다. 그게 있어서 그나마 지켜진 게 있고 그게 있음에도 또 안 지켜진 것도 있었다.

현장의 '분위기'만이 아니라, 영화에 담은 장면들에도 어린이 배우들의 영향이 있었다.

"저는 바뀌고 다듬어지는 과정을 늘 겪거든요. 시나리오를 쓸 때는 제 어린 시절을 투영하고, 자료 조사 끝에 극적인 효과를 내기 위해 신경 써서 장면을 구현해도 연기는 어린 배우들이 해요. 그 친구들도 자기 삶을 걸고 연기하는 거잖아요. 그러니까 영화가 그 친구들에게 미치는 영향도 그렇고 제게 미치는 영향도 어마어마하더라고요."

감독 자신이 과거에 겪었던 일이나 자료 조사를 해서 넣은 장면들을 배우가 연기하는 과정에서 예상을 완전히 빗나가는 상황이 펼쳐졌다. 어린이 배우들에게 시나리오 속 이야기를 말로 설명해 주고 상황극 방식으로 리허설을 진행했을 때의 일이었다.

"중간에 테스트 촬영을 한 번 했어요. 기동성 있는 카메라를 써 보려고 리허설 겸 몇 장면을 진행했는데 그때 확실히 알게 됐어요. 제가 시나리오에 쓰기는 했지만 배우가 못 하겠다고 하면 찍지 않는 게 맞다고. 아이들 키 높이에 딱 맞춰서 영상을 찍으면 배우가 어떤 감정을 느끼는지 다 뿜어져 나오는데, 아이니까 더 심각하게 와닿는 거예요. 그

친구가 즉흥극 도중에 울어서는 안 되는 장면이었는데 눈물이 터졌어요. 그 친구를 괴롭히는 역할인 친구도 울었고, 모두 같이 우는데 저도 울고 있더라고요. 이건 못 하겠구나, 깨달았죠. 그렇게 빠진 장면을 연결시키는 건 제 몫인 거고요."

무리가 되더라도 "너는 배우니까 이걸 해야 해."라고 하는 대신 그 장면을 바꾸겠다고 결정하는 것은 연출자 입장에서 어려운 일이다. 고려해야 할 변수가 많기 때문이다. 큰 예산을 들여 찍는 영화였다면 그런 유연함은 발휘하기 어려웠을지도 모른다고 선선히 인정하면서도 동시에 그는 그 과정을 이해하는 스태프들이 있었던 덕이라고 강조했다.

제일 중요한 건 아이들이 보여 주는 이야기를 관객들이 자연스럽게 믿도록 하는 것이었다. 완성도를 목표로 압박하는 것보다는 자연스러움을 믿을 수 있게 해야 한다고.

"때로는 도전하고 돌파해서 더 좋은 연기가 나올 때도 있지만 어린이 배우들의 연기는 기술만으로 될 문제는 아니에요. 어떤 방식으로든지 내적으로 소화되어야 연기가 자연스러우리라는 믿음이 있었어요. 게다가 저도 어린 시

절이 너무 오래전이어서, 제가 믿을 사람도 이 어린 배우들밖에 없는 거예요. 유일하게 의지해야 할 사람들을 힘들게 해서는 결국엔 좋은 작품이 안 나올 거라고 생각했어요."

영화를 하지 않는
순간은 없다

영화감독이라는 직업은 현재 촬영 중인 영화가 있든 없든, 지금 극장에 걸린 영화가 있든 없든 언제나 '작품 준비 중'이다. 한 편의 영화가 시나리오 집필부터 개봉까지 필요로 하는 시간은 짧게는 1년, 길게는 2~3년에 이르는데, 그러다 보니 한번 작업을 시작하면 언제 종결될지 알 수 없는 직업이기도 하다. 불안정성은 숙명적이다.

"감독이 되어 좋은 점은 팀을 이끄는 헤드 입장이라서 프로덕션 구성을 제 뜻대로 할 수 있다는 거예요. 원하는 사람들과 일할 수 있고 내가 원하는 방식으로 운영할 수 있다는 것. 그리고 한국적 특성일 수 있는데, 한국 감독들은 대체로 시나리오를 쓰거든요. 생각하는 세계를 텍스트를 넘어서 구현해 가는 과정은 지금도 정말 재미있어요."

예산 규모가 커지면 제작하는 쪽과의 마찰도 큰 스트레스가 아니겠느냐고 묻자, 큰 규모의 예산은 경험해 본 적 없지만 예산이 적어도 어느 정도의 마찰은 반드시 생긴다는 답이 돌아왔다. 그의 세계에서 영화감독은 전지전능한 권력을 갖고 있지 않다. 구현하려는 세계의 핵심을 전달하면 나머지는 스태프와 배우들이 이루어 준다고 믿는다. 그래서 감독입장에서도 설득이 중요하다. "설득이 안 되면 그건 제 문제라는 생각을 많이 해요."

어려운 점이라면 영화 일을 모르는 사람들 눈에 영화를 준비하지 않는 것처럼 보이는 모든 순간에도 일을 해야 하고, 그 일이 수입으로 직결되지 않을 수 있다는 데 있다.

"다른 분들이 보시기에는 영화와 영화 사이에 쉬는 것 같겠지만, 실은 영화를 하지 않는 순간은 없어요. 개봉하고도 홍보 관련해서 계속 일을 하게 되니 작업이 끝난 게 아니고요. 한 편의 영화를 만드는 과정을 시작부터 말하면 시나리오를 쓰는 단계가 제일 오래 걸려요. 시나리오를 쓰기 위해 틈틈이 메모를 하고 자료를 수집해서 어떤 이야기가 생각이 나면, 앉아서 쓰기 시작하죠. 시나리오를 완성해 투자를 받을 때까지가 못해도 1년 반에서 거의 2년 정도는 걸려요. 첫 영화인 「우리들」은 더 오래 걸렸고요. 영화가 재미있으면서 어려운 것은, 이번 영화와 다음 영화의 모든 과정이 전부 겹쳐 있다는 데 있어요. 저도 아직 적응을 완전히 못했는데, 투자를 받으면서 스태프를 꾸리고 영화를 만들기 위한 장소 헌팅과 캐스팅을 하는데 그 과정에서도 시나리오를 고치고 있거든요. 촬영에 들어간 뒤 「우리들」은 한 달 반, 「우리집」은 3개월 정도 찍었던 것 같아요. 그러고 나면 기본 3개월에서 5개월 편집하고, 믹싱과 색 보정까지 완성되면 배급이에요. 작은 영화들은 영화제부터 선보이는 경우가 많아서 제작을 시작할 때, 영화제 날짜에 맞춰 일정을 잡는 일도 꽤 있죠."

많은 독립영화들은 극장에서 정식 개봉하기 전에 부산국제영화제나 전주국제영화제에서 먼저 상영된다. 널리 홍보되지 않은 영화도 적극적으로 찾아보는 관객들이 영화제에서 보고 입소문을 내면, 정식 개봉할 확률은 높아진다. 관객 입장에서도 영화제는 좋은 감독을 한 발 앞서 발굴할 기회가 되는 셈이다.

"한편으로는 계속 아르바이트를 하고 있어요. 영화 연출과 연결되는 부업인데요. 영상원 다니면서 어린이·청소년을 대상으로 하는 영화 강사 일을 했어요. 영상원에 진학하기 전에는 논술과 영어 강사로 일했고요. 한국영화박물관에서도 에듀케이터로 훈련받은 뒤 어린이들이 박물관을 견학할 때 교육하는 프로그램들을 오래 진행했어요. 작년부터는 대학교에서 강의를 시작했고, 영화제 심사도 맡을 때가 있어요."

「우리들」「우리집」의
십 대 관객들

영화가 끝나고 불이 켜지기 전, 배우부터 스태프까지 소개되는 엔딩 크레디트가 올라가는 동안 극장 안이 수군거린다. "어, 뭐야?" "끝이야?"

윤가은 감독이 주인공들 또래의 십 대 관객을 만나 가장많이 들은 질문은 "엔딩을 왜 안 찍었어요?"라고 한다. 가장흔한 오해는 「우리집」이 「우리들2」라고 생각하는 반응이었다. 「우리들」에서 끝을 내지 않았으니까 속편을 만들었으리라는 추측이다.

학교에서 이야기의 구조가 '기-승-전-결'이라고 배우지만, 동시대의 이야기들은 그 구조를 따르는 대신 열린 결말로 맺기도 하고, 결말을 먼저 보여 주고 시작하기도 한다. 결말이 선명한 영화와 달리 열려 있는 작품을 볼 때는 관객이 능동적으로 그 뒤를 상상해야 한다. 또한, 왜 거기서 이야기를 멈추었을지도 상상해야 한다.

어떤 일이 벌어졌는지 속 시원하게 알 수 있는 결말과 달리 열린 결말일 때 관객은 이야기에 참여하게 된다. 반은 창작자로, 반은 등장인물로 말이다. 열린 결말은 당신이 주인공이라면 어떻게 하겠느냐는 질문인 동시에, 당신이 창작자라면 어떻게 마무리하겠느냐는 질문이기도 하다. 그리고 거기서 이야기를 마무리한 결정이야말로, 그 창작자가 '끝'을 말하는 방식이다. 주인공 또래 관객들의 반응을 보고 처음으로 엔딩에 대한 고민을 더 해야겠다는 생각이 들기도 했다. "'시간이 없어서 못 찍었어요?' 이렇게 물어보면 미안할 때도 있어요. 내가 아이들이 이해할 수 있는 영화를 만들고 있나 하는 고민이 되더라고요."

결말에 대한 반응 말고도, 주인공과 또래인 관객들의 감상에는 특별한 것이 있었다.

"「우리집」을 만들 때 저는 주인공 입장에서 영화를 만들었어요. 가정불화가 있을 때 '우리가 모르는 거 아니에요. 우리도 알고 있어요. 우리도 애쓰고 있어요.' 하는 마음을 전하려고 했단 말이죠. 그때 가족 단위 관객이 많았는데, 질문 시간에 초등학생 관객들이 신나 해요. 영화 속 아이들의 마음을 쫓아가면서 '우리도 저런 적 있어요.' '우리 엄마 아빠도 자주 싸워요.' 하면 부모님들은 되게 미안해하세요."

　제일 마음에 와닿는 순간들은, 친구들 사이에 영화에 대한 의견이 분분할 때다. 감독에게 질문을 하기도 하지만 보러 온 학생들끼리 이야기하는 모습을 볼 때가 많다고 한다.

　"어떤 경우에는 편지를 주거나 조용히 제게 와서 털어놓는 친구들도 있어요. 제 얘기 같았어요,라고요. '저도 이런 적 있었는데, 영화 보니까 이제 저도 괜찮은 것 같아요.' 하는 친구들을 만날 때 영화 만들어서 다행이다 생각하기도 해요."

"너 혼자만 그런 거 아니야,
괜찮아."

창작하는 직업에는 '재능'이나 '천재' 같은 말이 낭만적으로 따라붙는다. 흔히, 재능이 충분하다면 사람들이 알아봐 줄 거라는 기대를 하게 된다. 그래서 남의 인정을 기다리며 시간을 낭비하기 쉽다. 하지만, 누구도 내 일에 확신을 주지는 않는다. 다른 사람이 확신을 주기를 기다리는 대신, 스스로 행동에 나서는 수밖에 없다.

윤가은 감독은 언제 영화감독이라는 확신 혹은 안도감을 느낄 수 있었을까.

"아직도 백 프로는 아니에요. 두 번째 작품까지 만들고 나서야 이제 어디 가서 감독이라고 소개는 할 수 있겠다는 정도가 되었죠. 이십 대까지 제가 많이 흔들린 이유는 재능 때문이었어요. 저 자신을 모르겠어서 방황을 오래 했어요. 영화를 만들면서부터는 재능에 대한 생각을 안 하게 됐어요. 감독으로서의 자격은 작품마다 갱신되는 것 같아요. 재능이 뭔지 깊이 고민했지만 답은 찾지 못했고, '못 하겠다'는 생각을 서랍 속에 넣어 둔 게 「우리들」 끝나고였죠.

영화사 아토 한편에 있는 영화 「우리집」의
포스터. 배우들의 사인이 담겨 있다.

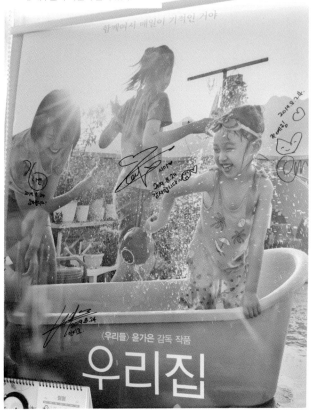

할 수 있는 걸 하자고 결심했어요."

감독 일은 어렵다. 감독을 하면서 더 외로워지기 시작했다고, 윤가은 감독은 말했다. 생각이 많고 복잡한 편이라는 사실을 스스로도 알기 때문에 시나리오를 쓸 때는 온갖 경우의 수를 떠올리고, 제작에 들어가면 가능성을 좁혀 최대한 단순하게, 긍정적으로 나아가려고 의식적으로 노력한다.

"작품을 시작할 때부터 끝날 때까지 왜 이 영화가 만들어져야 하는지 가장 많이 생각해요. 완성되었을 때 이 작품이 어떤 가치를 지닐지 구체적으로 상상하는 게 제게는 큰 도움이 돼요. 그러면 기준이 생기니까 뭘 버릴지, 뭘 가져갈지 정할 수 있죠. 그리고 핵심을 전하려면 끝까지 만들어야 해, 이렇게 다짐해요."

답을 찾는 데 시간이 걸려도, 괜찮다. 다른 사람들도 그런 시간을 겪는다.

"저는 영화감독이 되고 싶다고 바라기만 하던 시간 동안 고민이 정말 많았는데 그걸 나누는 방법을 잘 몰랐어요.

마음이 늘 아픈 상태로 지낸 거죠. 너 혼자만 그런 거 아니야, 괜찮아, 괜찮을 거고, 괜찮아질 거야, 하는 이야기를 저에게 하려고 영화를 만든다는 걸 깨달았어요."

어떻게 하면 영상에 대한 감각을 키울 수 있을까. 윤가은 감독은 좋아하는 영화, 영향을 받은 영화들을 한 장면, 한 장면 나누어 꼼꼼히 본다. 무엇보다도 그는 영화 보기를 좋아한다.

"이 장면 다음에 왜 이 장면이 왔지? 왜 이렇게 찍었지? 이런 걸 한 번씩 떠오를 때마다 회고하는 거죠. 영화 전체를 볼 때도 있고, 특정 장면을 반복해서 볼 때도 있어요. 사람이 아닌 동물이나 사물을 찍은 컷이 영화에 들어갈 때 왜 들어가는지, 개인적인 차원에서 먼저 스스로에게 묻기 시작해요. 고레에다 히로카즈의 「걸어도 걸어도」 마지막에 꽃이 있는 장면이 왜 좋지? 나는 무슨 감정을 느꼈지? 이 컷이 이런 효과를 내는구나. 이런 생각들을, 좋은 영화를 봤을 때 많이 하는 편이에요."

문학은 어린이나 청소년의 목소리를 대신해 내는 작품을

계속 쓰는 작가들이 있는데, 영상 매체는 그들이 더 접하기 쉬운데도 불구하고 정작 어린이를 위한 이야기는 부족한 것 같아서 아쉽다. 어린이가 주인공인 영화더라도 성인을 위한 영화와 어린이 관객이 볼 수 있는 영화는 다르다. "어린이 관객을 위한 영화가 많아져서, 같이 만들 수 있으면 정말 좋겠어요."

윤가은 감독은 단편영화 「콩나물」을 찍을 때 7살이던 김수안 배우를 처음 만났다. 그때 김수안 배우가 영화감독을 해 보고 싶다고 했던 말이 기억에 남는다. "'저 자리, 감독님 자리에 내가 있었으면 좋겠다'고 했어요."

윤가은 감독의 현장에는 현재의 영화인들이 곧 미래의 영화인들이다. 나이와 무관하게 다 함께 일하며 새로운 작품을 창작해 나간다. 과정이 좋으면 다 좋다. 무엇보다, 그렇게 내놓은 결과물이 재미있기까지 하다. 결과물이 받는 평가만큼이나, 과정의 건강함이 일하는 사람들을 행복하게 만든다는 그의 말은 영화감독이 아닌 이들에게도 든든한 응원이 되어 준다.

좋기만 한
일은

없는

거니까

⟩ ⟩ ●

⟩

⟩ ⟩ ●
●
●
●

*배구 선수
양효진

초등학교 4학년 때 처음 배구를 시작했다. 2007~2008 시즌 신인 드래프트에서 1라운드 4순위로 현대건설에 입단해 14 시즌 동안 같은 팀에서 센터로 뛰고 있다. 여자 배구의 인기를 견인하는 간판스타이자 한국을 대표하는 선수다. 2008년 베이징올림픽부터 국가 대표 센터로 활약하고 있다.

●

양효진 선수가 날아다니는 것처럼 보일 때가 있다. 경기하는 모습을 보면 언제나 공이 있는 곳에 양효진 선수가 떠 있다. '공이 손으로 알아서 들어가는 것 같은데?' 공중에서 이루어지는 동작들이 완벽한 흐름으로 이어질 때, 그 유려함이 공격이나 방어 성공으로 바로 연결될 때는 손에 눈이 달린 것처럼 보이기도 한다. 경기를 지켜보는 사람 눈에도 잘 띄지 않았던 빈 공간으로 정확히 공을 찔러 넣기 때문이다. 한국 여자 배구 대표팀 부동의, 동시에 최고의 공격형 센터 양효진은 2007~2008 시즌에 프로 무대에 데뷔, 2009~2010 시즌부터 11년 연속 블로킹 1위, 2018년 남녀부 통틀어 최초로 1,000블로킹 기록을 세운 뒤, 2019~2020 시즌 중에는 다시 한번 남녀부 통틀어서 최초로 통산 1,200블로킹을 기록

했다. 2019~2020 시즌에 공격 성공률, 블로킹, 오픈, 속공 기록에서 모두 1위를 차지하면서 소속 팀 현대건설을 정규 시즌 1위로 이끈 양효진 선수는 생애 첫 MVP를 거머쥐었다. 기자단 투표 30표 가운데 24표를 싹쓸이한 결과.

일 잘하는 양효진 선수의 손은 크고 강하고 표정이 풍부하다. 경기 중에 정확하게 공이 향할 곳으로 손을 가져다 댈 때, 이야기하며 손을 움직일 때, 사진을 찍기 위해 배구공에 손을 착 붙일 때, 홀린 듯 보게 된다. 그 손이 들려주는 이야기는 초등학교 4학년 때로 거슬러 올라갔다.

스파르타식이었던 운동, 자유를 준 부모님

흔히 예체능으로 분류되는 직업을 가진 사람들은 장래 희망을 빨리 정하고 가능성을 입증해야 한다는 압박 아래서 어린 시절을 보내곤 한다. 하지만 재능을 증명한다고 미래가 보장되지는 않는다. 세상 많은 직업이 사십 대에 전성기를 맞을 때, 운동을 업으로 하는 이들은 다수가 은퇴를 결정한다. 그렇기 때문에 프로 리그가 존재하는지 여부가 운동을 시작할지 말지에 큰 영향을 미친다. 여자 스포츠는 남자 스

배구 잘하는 양효진 선수의 손은
크고 강하고 표정이 풍부하다.

포츠보다 상업적인 면에서의 발전이 더디기도 하다. 양효진 선수가 배구를 시작할 때는 여자 배구에 실업 리그만 있던 때였다.

"장래를 일찍 정하는 게 좋을 수도 나쁠 수도 있을 텐데요. 개인적으로는 다행이라고 생각해요. 그때는 몰랐죠. 프로가 아닌 실업 팀이 있을 때였는데 선생님들은 배구 시키면 실업 팀은 무조건 간다고 하셨긴 했어요. 문제는 저 어릴 때만 해도 운동을 하면 스파르타식이었고 선생님들도 강압적으로 지도하셔서, 그런 문제 때문에 부모님은 운동을 안 시키려고 하셨어요. 저도 초등학교 때는 계속 그만둘 기회를 엿보고 있었고."

어렸을 때는 수시로 그만두고 싶었다. 그때마다 부모님은 말리지 않았다.

"부모님을 포함한 주변의 도움도 있었지만 제 결정으로 여기까지 왔어요. 도중에 힘들어도 내가 선택한 길이라는 걸 알고 있었으니까. 정말 어린 나이였는데도, 부모님은 항상 저보고 결정하라고 하셨어요. 네가 후회하지 않게 하라고. 우리는 네 삶을 살아 줄 순 없다고. 그 말을 듣고 섣불리 결정할 수가 없죠. 중학교 때도 그만두고 싶다는 생각은 계속했어요. 다른 친구들도 다 그랬고. 죽을 것처럼 힘들어서 그만두고 싶다고 집에 얘기를 했는데 부모님이 끌고 오는 경우도 봤어요. 그 친구들은 자기편이 없다는 생각을 했을 것 같아요. 그런데 저는 부모님께 그만두고 싶다고 하면 내일 당장 선생님한테 전화해 주신다는 거예요. 그러면 제가 '잠깐!'이라고 한 뒤에 다시 생각하게 되죠. 정말 아닌가? 다음 날이 되면 밥 먹다가 못 이기는 척하면서 그냥 운동 가겠다고 했어요. 프로에 온 뒤에도 제가 힘들다고 얘기하면 부모님은 1년 차든 2년 차든 그만두고 나와도 된다고 하셨어요. 우스갯소리로 내가 너 하나 못 먹여 살리겠냐고 해 주셨죠. 그게 그냥 고마웠어요. 부모님도 힘들게 사시는 거 아는데 그렇게 말씀해 주시는 게. 도중에 힘들어서 그만두더라도 내 편이 있고, 돌아갈 안식처가 있다는 생각에 한 발 더 뛰고 더 해야겠다는 생각을 많이 했어요."

스포츠 선수의 커리어를 평가할 때는 결과 중심적이 된다. 함께 운동을 시작한 선수들 중에 프로 진출까지 성공한 선수는 많지 않다.

"운동선수들이 가장 자주 하는 고민은 비전이 있을지 모르겠다는 거예요. 그런데 그것도 개인차가 있어요. 선수마다 위치도 다르고 나이도 다르니까. 운동을 계속해도 비전이 없을 거 같아서 다른 길을 빨리 생각해야 하지 않을까 고민하고, 나이가 어중간할 때 나가면 어떤 일을 해야 할지 모르겠다고 고민하죠. 일단 사람 일이라는 건 모르는 것이니 쉽게 말할 수 없고, 프로까지 오기도 쉽지 않다는 건 분명해요. 한 분야에서 10년 이상은 해야 전문가가 된다고들 하잖아요. 저는 초등학교 때부터 배구를 해서 여기까지 왔으니 전문가라면 전문가가 되었다고 생각해요. 운동을 계속할지 고민하는 친구나 후배에게는, 밖에 나가서 뭘 하겠다는 확고한 의지가 있는 게 아니면 신중해라. 나가면 지금까지 해 왔던 것의 배로 고생할 각오를 해야 한다고 얘기하죠. 여기서 그만둔다면 우리가 초등학교 때부터 배구에 매달린 것처럼 다른 일을 해야 하니까 프로에 최대한 오래 있으면 좋겠다고. 프로에 왔는데도 시합을 못 뛰면 스스로 초라하다고 느낄 수 있지만, 여기까지 온 자체가 큰 성취거든요. 게다가 사회에서는 돈을 무시할 수 없는데, 프로 구단의 대우가 아주 나쁜 편은 아니기도 하고요. 하지만 각자 느끼는 게 달라요. 같은 처지라면 공감할 수도 있는데 저와는 너무 다른 상황이라고 느끼는 선수에게는 그 이상 말하기 어렵죠."

프로 팀에서는 두각을 드러내는 선수가 훤히 보인다. 스타 플레이어는 누구의 눈에나 띄지만, 경기에 나가지 못하면 존재감을 느끼기 어렵다. 경기를 뛴다고 끝도 아니다.

"프로는, 겉으로는 어떻게 보이든 마음을 독하게 먹지 않으면 기량이 향상되기 어렵다는 생각이 들어요. 톱스타가 되는 건 아니라 해도 일단 기량이 상승하려면 마음을 강하게 먹어야 해요. 내가 작아지는 느낌을 겪고, 저 선수보다는 못 미친다 해도 그 사실을 인정해 버리고 내가 할 수 있는 범주 안에서 최선을 다하겠다는 마음이 필요해요."

실력보다 꿈이 먼저 큰다

"프로 팀에 와 보니 다른 선수들이 너무 뛰어났어요. 고등학교 때 저는 이름이 있는 선수가 아니었고, 프로 팀 감독님들의 기대도 크지 않았거든요. 평범하게 제 힘으로 할 수 있으면 한다는 식이었으니까 처음에는 정말 힘들었어요. 제 또래 뛰어난 선수들은 상도 받고, 뉴스에도 나왔으니까요. 저는 고등학교 때부터 잘하고 싶은데 마음만큼 안 되니까 언젠가는 잘하겠다는 희망을 갖고 남들이 연습을 하지 않을 때도 더 해 보려고 노력했어요. 제가 다닌 고등학교가 훈련량이 많지 않은 학교였기 때문에 운동을 더 시켜 주면 좋겠다는 생각이 있었어요. 그러다 프로에 왔더니 운동을 하고 싶은 만큼 할 수 있더라고요. 그 자체로 감사했어요. 힘들긴 했지만 나에게 도움이 될 것 같다는 기대가 들어서 꿈도 점점 더 크게 갖고. 첫 FA 때는 어느 정도 레벨이 되는 선수가 되어 있을 거야. 그러고 나면 뭘 이룰 거야. 그다음 목표들이 생겼죠."

목표가 선명하다 해도 매일 운동하는 게 쉽진 않았다. 원하는 만큼 운동해도 원하는 만큼 실력이 느는 데는 시간이 걸렸다.

"목표대로 결과가 나오지 않더라도 그에 대해 아쉬움은 갖지 말자고 생각했어요. 그냥 과정만 놓고 보자고. 목표는 크게 잡아야 하지만, 결과로만 생각하니까 제가 너무 스트레스를 받는 거예요. 가뜩이나 '왜 나는 이렇게밖에 안 돼?' 하는 생각에 매여 있었으니까. 다 지나고 나서 돌아보면 '그냥 오늘 나가서 운동 한번 잘 해 보자. 내가 할 수 있는 최대한으로 열심히 해 보자.' 했던 마음가짐이 잘 풀린 것 같지만 지금 그 나이로 돌아가서 다시 하라면 그렇게는 못 할 거 같아요. 너무 힘들었어요."

양효진 선수 기사를 읽어 보면 프로에 진출한 이후의 엄청났던 훈련량에 대한 내용이 많았다. 단체 훈련이 끝나고 추가 훈련을 받는 일은 예사였다. 옆에서 보면 성장 가능성을 발견해 할 수 있다고 밀어붙이는 것일 수도 있지만 겨우 성인이 된 나이였던 그는 내가 이렇게 못하나 싶은 생각에 시달렸다.

"저는 잘 못 느꼈지만, 선생님이 저를 집중적으로 가르치는 데 대해 주변에서 알게 모르게 시샘이 있었을 수도 있죠. 실수를 하면 선생님한테 한 번, 언니들한테 한 번 지적을 들으니까 연습할 때 집중을 못 하겠더라고요. 선생님이 제게서 장점을 보셨던 건 좋은데, 그때는 운동을 나갈 때 '아, 제발 오늘은 나한테 뭐라고 안 했으면 좋겠다.' 하고 생각했어요. 팀 훈련 전에 먼저 따로 훈련하고, 끝나고 따로 훈련하고, 야간에도 훈련하고. 그렇게 2년 정도를 맹목적으로 했어요. 국제 대회를 나가면서 시야가 트이고 저 자신도 느는 거 같다는 생각이 들던 3년 차에 선생님이 바뀌어서 새로운 기술을 배우고⋯⋯. 그렇게 여기까지 온 셈이죠."

프로에서 첫 몇 년간, 혼자라는 생각이 들 수밖에 없었다.

"지금 같은 분위기면 그나마 괜찮았을 텐데 그때는 선생님 말고 선배님들도 기강을 세게 잡던 때였어요. 대표팀에 가서 훈련을 받다가도 주말에 지하철 타고 숙소 돌아와서 방 청소를 해야 했어요. 2인 1실을 쓰니까. 그러다 3년 차 때 오신 선생님이 프로는 이렇게 하면 안 된다고 다 없애셨어요. 어릴 때부터 생각했지만 그게 맞죠. 프로니까 경기장에서 보여 주는 게 가장 크고 나머지는 자기가 하는 게 맞아요. 10년이 지나면 또 달라져 있지 않을까요. 사회 자체가 많이 바뀌어 갈 테니까."

10년 차에 찾아온 권태기

"자기 전에도 배구 생각하고 자고 일어나서도 배구 생
각만 하고 살았어요. 전에는 아침에 알람이 울리면 한 번
에 벌떡 일어났어요. 하루를 빨리 시작해야겠다고 다짐을
하면서. 지금 생각하면 참……. 그렇게 집중한 채로 10년
을 하다 보니까, 정신적으로 너무 힘들고 지치더라고요. 이
렇게 해서는 못 살겠구나 싶고. 그러면서 많이 바뀌었어요.
그때는 잘하고 싶다는 욕구가 안 채워져서 더 그랬던 거
같아요. 쉬는 날에도 속으로 '운동해야 하는데, 쉬면 안 되
는데.' 했어요. 지금 생각하면 비정상이죠.(웃음) 제가 돌이
켜 봐도 정말 이상하다 싶은데 그땐 그랬어요. 꼭 그렇게
까지 할 필요가 있었을까."

커리어 초반에는 시간과 체력을 비롯해 자원을 전부 투입
하는 게 맞는 전략일지도 모른다. 생각만 하며 망설이기보
다 일단 행동하기. 쌓은 게 적은 시기에는 성과가 금방 눈에
보이니까. 하지만 일단 어느 정도 궤도에 올랐다 싶으면 그
때부터는 어떻게 해야 오래할 수 있을까 쪽으로 생각이 옮
겨 간다.

"권태기가 한 번 있었어요. 그때 생각이 많이 바뀌었어요. 배구가 전부라고 믿었는데, 이렇게 살다가는 죽겠구나 생각이 들면서 조금씩 변했어요. 운동을 열심히 해야 된다는 마음가짐은 그대로지만, 나 자신을 너무 몰아세우지는 않게 됐어요. 운동 말고도 하고 싶은 게 있으면 해 보고, 쉬는 시간에는 운동에 지장이 가지 않는 범위에서 내가 하고 싶은 건 해도 괜찮겠다는 생각이 들었어요. 운동이 인생의 전부라 생각했던 시기에는 다른 걸 하면 안 되는 것 같은 느낌이 들었거든요."

그러다 문득 내 마음대로 안 되는 일도 있다는 것을 느꼈다.

"내 힘으로 안 되는 부분도 있구나를 깨닫고 나니까 보이는 게 있더라고요. 사람과 사람의 관계에서 내 마음대로 안 되는 일들이 생긴다는 사실을 알았어요. 저 자신을 몰아세우는 걸 그때 그만뒀어요. 예기치 않은 상황이 생겼을 때 스스로를 너무 몰아세우면 바뀌는 건 없고 저 자신만 너무 힘든 거예요. 지금은 조금이라도 즐겁게 하자는 쪽으로 바꾸었어요. 어릴 땐 MVP 받고 싶어서 아무리 열심히 해도, 받을 만하다고 기대했던 때도 받지 못했는데, 그냥 열심히, 흐르듯 하다 보니까 이번에 MVP를 받았거든요. 욕심을 버려서인가 싶기도 해요."

올림픽 대표팀과 코로나19

양효진 선수를 만난 시점은 2020년 6월 초였다. 원래대로라면 수요일 오후와, 토요일 오후부터 일요일까지의 휴식을 제외하고 매일 훈련을 해야 한다. 하지만 코로나19 때문에 많은 것이 바뀌었다.

"비시즌에는 대표팀에 차출되다 보니까 사실 활용할 시간이 없어요. 시즌 중에는 국내 이동이라 큰 스트레스가 없는데 대표팀은 한번 나가면 한 달 동안 다섯 나라까지 돌기도 해서 이동에 대한 스트레스를 많이 받아요. 그렇게 한번 다녀오면 선수들은 비행기만 봐도 속이 울렁거린다고들 해요. 올해는 코로나19 때문에 올림픽 관련 일정이 없어져서 다들 좀 이상할 거예요. 원래 지금이 한창 바쁠 때인데."

쉴 수 있는 기회이기도 하지만, 올림픽 무대가 한 번 사라질지도 모른다는 가능성은 두려움을 닮은 허무함에 가까운 일일 듯하다.

"올림픽을 안 나가게 되리라는 생각은 한 번도 해 본 적 없어요. 2019~2020 시즌이 끝날 때 올림픽이 취소될지도 모른다는 추측 기사를 보고도 다들 믿지는 않았던 것 같아요. 설마, 설마. 올림픽은 하지 않을까 하는 희망은 놓지 않고 있긴 하거든요. 선수들끼리 하는 우스갯소리지만 지난 시즌 스케줄을 강행하는 상황에서도 올림픽 티켓을 따느라 얼마나 혹독하게 경기를 하고 왔는데 이게 무슨 운명의 장난이냐고 하죠. 그러니까 만에 하나의 끈을 놓을 수가 없어요."

그러다 갑작스럽게 휴식이 주어졌다. 배구를 시작하고는 거의 없던 휴식이.

"10여 년 만에 이렇게 쉬어 봐요. 비시즌에는 거의 항상 대표팀에서 훈련했어요. 팀 숙소와 경기장이 부산 집에서 멀다 보니까 집에 오래 있어야겠다고 생각했다가, 코로나 때문에 쉬는 거라 그런지 계속 쉬어도 되나 하는 걱정이 들더라고요. 한 달이 넘어가니까 뭘 해도 감흥이 떨어져요."

합숙하며 하루 종일 훈련하고 전국을 이동하며 경기하는 일이 낯설지 않은 프로스포츠 선수에게 대표팀이란 어떤 경험일지 알고 싶었다. 국가를 대표해 경기에 나선다는 자부심은 물론 있겠지만 또 다른 재미가 있을 듯해서.

"평소 같으면 이맘때 대표팀에 간다는 설렘도 있고 적응에 대한 두려움도 있거든요. 선수촌에 들어가면 새롭고 신나서 열심히 해야겠다는 생각이 들기도 해요. 팀에서는 비시즌이 느리게 흐르는데 대표팀에 가면 시간이 빨리 가니까. 보람과 자긍심도 있죠. 태릉선수촌에서는 다른 종목 선수들하고 웨이트 트레이닝을 같이 하는데 느껴지는 열기가 있어요. 그러면 동기 부여도 되죠. 어릴 때는 힘들기도 했지만 재밌었어요. 지금은 느낌이 달라요. 저도 나이가 있으니까 책임감이 더 많아졌죠. 대표팀에서 뭘 해야 하는지 다 아니까. 예전에는 언니들을 따라다녔다면 이제는 티켓을 꼭 따야 하는 중요한 대회라는 걸 잘 아니까 임하는 자

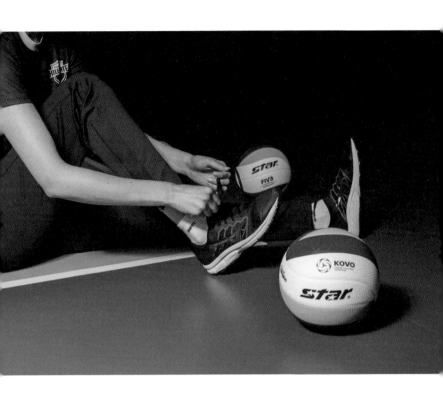

세가 달라져요."

대표팀에서는 타 팀 선수들과 함께한다. 그만큼 배울 것도 많았다.

"처음 대표팀 갔을 때 거의 언니들이었어요. 제 밑에는 희진이(김희진 선수) 딱 한 명. 둘이 맨날 아이스박스 끌면서…… (웃음) 어릴 때 선배들한테 직접적으로 가르침을 받는 건 아니었지만 하는 행동과 생각에서 자연스럽게 배웠어요. 대표팀 언니들을 보면 그 나이에 그 위치까지 그냥 간 건 아니거든요. 얘기를 나눠 보면 생각이 달라요. 배구에 임하는 자세, 경기에 임하는 자세가. 언니들이 배구하는 스타일을 본받으려고 노력했어요. 그렇게 몇 년을 하니까 많이 친해졌고 도움도 많이 받았어요. 꼭 배구뿐 아니라 개인적인 삶에서도 그렇죠. 배구 외적으로도 인생 선배이기 때문에. 그런데 어느새 어딜 가더라도 후배들이 늘어났죠. 지금 젊은 선수들은 제가 그 나이였을 때보다 성숙한 편이에요."

양효진 선수가 동료들에게 의지하는 부분은 '배구를 보는 눈'이다.

　　"경기 끝나면 밖에 있는 선수들에게도 제 플레이에 대해
항상 물어봐요. 저는 뛰는 동안 제가 어떻게 하는지 볼 수
가 없으니까. 특히 예전에 잘될 때의 느낌과 다를 때 부탁
을 하죠. 내가 어떻게 하는 것 같은지 물어보면 생각이 다
다르더라고요. 배구를 보는 눈이 좋은 선수들이 있어요. 그
런 선수들 의견을 듣고 받아들일 것은 받아들여요."

이적에 대한 고민

　　대표팀 생활을 하면서 다른 팀 선수들이나, 김연경 선수처
럼 해외에서 뛰는 선수들과 교류가 많았을 텐데, 그는 FA 때
마다 현대건설에 남았다.

　　"다른 팀이 크게 궁금하진 않았던 것 같아요. 예전에는
우승 팀의 감독님이 대표팀을 맡는 경우가 많았어요. 그래
서 타 팀 선생님들과 운동할 기회가 자연스럽게 생기더라
고요. 간접적으로 다른 팀 훈련을 하다 보니, 새로운 것들
을 많이 접할 수 있어서 한 팀에 오래 있어도 옮겨야겠다

는 생각을 안 했어요. 대표팀에 다녀오면 소속 팀이 새롭고, 대표팀에 가면 대표팀이 새롭죠. 감독님들도 중요하지만 어릴 때부터 구단과 함께한다는 생각이 있어요. 구단에서 잘 해 주신 덕분이겠죠. 마지막 결정을 할 때도 우리 팀 구단과 계속 함께하고 싶다는 생각이 컸어요."

해외 구단 이적을 생각해 본 적은 없는지 물었다.

"잘 못하던 때도 꿈을 크게 갖고 있었기 때문에 외국 나가고 싶다는 생각을 많이 했어요. 연경 언니(김연경 선수)도 '처음에는 대우 못 받는다. 하지만 나왔을 때 좋은 점이 있으니 나와 봐라.'라고 조언해 줬어요. 첫 FA 때 나가려고 했는데 해외 구단에서 제안이 온 타이밍이 절묘했어요. 지금 팀과 재계약을 하자마자 오퍼가 들어왔거든요. 그래서 다음에 나가 봐야지 했는데 결정할 때가 되니까 쉽지 않더라고요. 한동안 안 나간 일을 후회했는데 지금 생각하면 그때 나갔어도 장단점이 있었겠죠. 해외로 가도, 가지 않아도 좋기만 할 일도, 싫기만 할 일도 없지 않을까요. 후회는 없어요. 그 나이에 나갈 수 있는 기회가 다시 온다면 도전은 한번 해 보고 싶지만요."

가고 싶은 특정한 나라나 팀이 있었을까. 해외 팀으로의 이적은 비단 배구 환경만의 문제가 아니라 삶의 터전을 옮기는 문제이기도 하다.

"배구도 배구지만 이탈리아나 프랑스에 가서 그 나라 문화와 언어를 배웠다면 어땠을까 하는 미련이 있어요. 그 대신 고생은 많았겠죠. 스트레스도 심했을 테고."

양효진 선수는 2019~2020 시즌을 시작하면서 주장직을 내려놓았다. 사실은 애초에 주장 생각이 없었다.

"2015년부터 2019년까지 주장을 맡았어요. 처음에 하라는 말을 들었을 땐, 저는 제 것만 보고 두루 살피는 스타일이 아니라 안 맞는다고 말씀드렸어요. 내키지 않으면 거부할 수 있다고 하셨었는데, 막상 안 한다고 하니까 거부권이 없다면서 그냥 하라고 하시더라고요. 치우치지 않고 중립적으로 이끌 수 있을 거 같다고. 처음에는 정말 하기 싫었어요. 하지만 주장 경험에서 배운 것도 분명 있어요. 저는 관대하게 넘기는 스타일인데 주장은 그러면 안 되거든요. 나보다 선수들을 먼저 생각해야 하고, 사소하게는 저녁 메뉴를 정하는 것부터 그렇죠. 공지할 것들도 있고, 그런데 막상 주장직을 내려놓아도 제가 고참 선수여서 주장 도울 일이 여전히 있어요."

부상이 있다고
운동을 멈출 수는 없다

선수로 활동한 시간이 쌓이면서 고질적인 부상 문제도 생겼다. 꼭 운동선수가 아니라도 몸이 부상을 입으면 몸과 마음이 다 영향을 받는다. 원래의 컨디션으로 끌어올리는 데도 시간이 걸린다.

"코로나19 때문에 한 달 정도 쉬면서도 느꼈지만, 운동선수는 잠깐만 쉬어도 몸을 다시 만드는 게 어려워요. 쉰 시간의 딱 배가 들어요. 부상도 작은 부상이냐 큰 부상이냐 차이가 있고 시즌 중인지 비시즌인지의 여부도 중요하거든요. 첫 큰 부상은 대표팀에서 입었어요. 제가 외발 이동 공격을 하다 다칠 때가 많거든요. 그게 참……. 외발 이동 공격을 할 때는 왼발을 축으로 뛰어야 하는데, 문제는 제가 왼발이 안 좋아요. 하지만 그땐 어려서 센터는 무조건 이 기술을 습득해야 한다는 생각에 참고 해 보려고 했어요. 그러면 자꾸 큰 부상을 당하는 거예요. 한번은 발목을 완전 접질려서 수술해야 했는데 그때 감독님께서 수술은 절대 안 된다고 하셨어요. 몇 개월이 걸려도 수술 안 시키겠다고. 재활하다가 성공 못 하면 결국 수술해야 하는데도요."

운동선수의 부상과 수술 문제는 단순하지 않다. 수술 이후 재활에 실패해서 선수 생명이 끝나는 일은 어느 종목에서나 볼 수 있다. 하지만 수술을 하지 않는다고 해서 저절로 좋아지지도 않는다.

"그때는 열정이 있던 때니까 발목이 심하게 부었는데도 일주일 지나면 뛸 수 있을 줄 알았어요. 그런데 제 생각보다 재활이 너무 오래 걸리더라고요. 비시즌 초반에 다쳐서 시즌 직전에 복귀했는데 힘든 줄도 모르고 재활을 했어요. 빨리 낫고 싶은 마음만 있어서. 보통 재활을 하면 매너리즘에 빠지기 쉽고 우울증도 온다고 하거든요. 그 뒤로 크고 작은 부상이 이어졌고요. 어깨도 끊어지고 뜯어지고 했는데 여자 선수는 어깨 수술 뒤 재활을 해서 복귀하기가 정말 어렵거든요. 제가 원래 근육이 있는 체질이 아니어서 의사 선생님은 수술을 권하셨지만, 재활로 버티자는 쪽으로 마음을 정했어요."

시즌 중에 부상을 당하는 일이 가장 힘들다. 한 해의 목표가 전부 흔들린다. 하지만 개인적 목표만이 문제는 아니다. 쉬고 싶어도 쉬지 못할 때도 있다.

"어떤 시즌에는 아픈 곳이 있어도 경기를 그대로 해야 되는 상황이 있었어요. 그런데 아픈 몸으로 시합에 나가 보니, 제 기량을 마음껏 플레이 하지 못해서 속상했던 것 같아요. 운동선수는 경기장에서 제일 잘하는 모습을 팬들에게 보여 주고 싶은 마음이 큰데 몸이 아프다 보니 내 뜻대로 되지 않아 힘들었죠. 시합에 나간 이상, 그 후에 경기가 지거나 잘 안 풀리는 경우에 감당해야 할 것들이 있잖아요. 몸도 아픈데 마음까지 무거운 상황이 겹치니 더 힘들게 느껴졌어요."

10년 뒤의 양효진

10년 뒤에 어떤 모습이면 좋겠다고 생각해 봤는지 물었다.

"42살이네요. 생각은 안 해 봤는데 아이를 낳고 일을 다
시 시작할 때 아닐까요. 저는 너무 어릴 때부터 운동만 해
서 나중에는 일을 하고 싶지 않았어요. 막연하게 아무것도
안 하고 싶다는 생각이 있었거든요. 그런데 지금 코로나
19를 겪으면서 쉬어 보니까 은퇴하고 일을 안 하면 힘들겠
더라고요. 큰일을 하는 게 아니더라도 일이 있어야 나 자
신도 있고 내 삶도 있다는 기분이 들 것 같아요. 지금은 너
무 하나에 쏟아붓는 일을 하고 있어서, 나중에는 소소하더
라도 하고 싶은 일, 안 해 본 일을 하면서 성과를 내 보고
싶어요. 선수가 아닌 다른 각도에서 배구와 관련된 일을
해 보고 싶기도 하고요."

선수가 아닌 배구 관련 일이라면 해설위원이 있고, 무엇보
다도 코치나 감독이 있다. 여자 스포츠 팀의 코치진이 선수
출신 남성인 경우가 많은데, 뛰어난 기량의 여자 선수들이
코치진에 합류하는 일이 늘면 문화도 바뀌지 않을까. 양효진

선수가 속한 현대건설 배구단의 지휘는 전설적인 선수였던 이도희 감독이 맡고 있다.

"예전에는 코치나 감독 생각을 많이들 안 했어요. 배구에 질려서 배구장에 다시는 안 오겠다고 그만두는 언니들도 많았어요. 지금은 다르죠. 선수와는 또 다른 면에서 진취적으로 할 수 있는 일이 있을 것 같아요. 저희 감독님도 유명한 선수셨는데 감독을 하고 계시니까요. 감독은 선수보다 예민해야 할 수 있는 일이거든요. 다른 선수들도 이도희 감독님을 롤 모델로 삼아서 예전보다는 지도자의 꿈을 갖는 사람이 더 많아지리라는 기대를 해요. 감독 자리는 너무 크기 때문에 제가 할 수 있을지는 모르겠지만 해설위원이나 코치는 어떨까 싶어요. 배구에 대해 내가 생각해 온 걸 바탕으로 다른 사람들에게 도움을 줄 수 있지 않을까요? 선수보다 더 입체적으로 성장하는 계기가 되겠죠."

배구에 대해 말하는 양효진 선수가 정말 신나 보여서, 마지막으로는 배구가 왜 좋은지 물었다.

"배구는 혼자 할 수 없거든요. 경기를 하는 입장에서 보면 세심한 플레이가 필요한 동시에, 선수끼리의 교감도 중요해요. 배구하는 사람들도 어려운 게 배구라고 해요. 수십 년을 해도 안 되는 기술은 안 돼요. 경험이 쌓이면서 배구 보는 눈이 좋아지는 사람도 있지만 수십 년이 지나도 그대로인 사람도 있어요. 그래서 참 어려워요.(웃음) 배구 잘될 때가 제일 좋아요. 스파이크를 했을 때 내 몸이 떠 있는 느낌. 경기가 잘 풀릴 때의 쾌감. 그 쾌감을 위해 한 번 더 뛰어요. 잘했던 모습을 생각하면서. 시합을 이기고 잠자리에 들었을 때 신나는 엔도르핀 때문에 계속해요."

가장
나답고

가장

재미있게

>) ．

*바리스타
전주연

대학에서는 사회복지학을 전공했지만, 재미있어 보이는 일을 찾아 바리스타가 되었다. 세계 최고의 바리스타 대회로 알려진 '월드 바리스타 챔피언십'에서 2019년 한국인 최초로 우승하며 화제를 모았다. 10년 넘게 모모스커피에서 일하며, 현재는 이사로 재직 중이다. 커피를 만드는 사람은 물론, 원두를 재배하는 사람들의 삶도 함께 나아질 수 있도록 노력하고 있다.

●

이 사람이 따라 준다면 분명 맹물도 더 맛있게 마실 수 있다. 2019년 월드 바리스타 챔피언십에서 우승한 전주연 바리스타가 커피와 얼음, 생수를 올린 트레이를 테이블 위에 놓았을 때 가장 먼저 한 생각이었다. 이것은 친절에 대한 이야기가 아니다. 자신감과 확신, 전문성 그리고 환대의 태도에 대한 이야기다.

현재 자신이 하는 일의 5년 뒤 전망을 낙관하는 사람이 점점 줄어드는 시대에 "카페나 할까."라는 막연한 생각을 하는 사람이 적지 않다. 번화가가 아니어도 골목마다 카페가 있고, 대로변에서는 저가형 커피 매장들이 가격 할인 폭을 두고 경쟁한다. 전주연 바리스타는 카페 주인이 아니라 카페 직원이다. 월드 바리스타 챔피언십에서 우승한 뒤에도 자기

부산시 금정구에 위치한 모모스커피
본점의 모습.

가게를 내는 대신 모모스커피에서 계속 근무한다는 말을 듣고, 왜 독립하지 않는지 궁금했다. 그리고 답으로 돌아온 긴 이야기를 다 듣고 나서 든 생각은, 그가 '뭘 해도 성공할 사람'이라는 것이었다.

애사심은 동료와 처우가 만든다

전주연 바리스타에 대한 나의 가장 큰 오해는 커피를 아주 좋아해서 바리스타가 되었으리라는 짐작이었다.

"대회 끝나고 나서 많은 분들이 왜 창업하지 않느냐고 물어보시는데, 모모스커피 이전에 동네 작은 커피숍으로 처음 가게를 열 때 인테리어부터 이현기 대표님하고 같이 했어요. 이렇게 좋은 팀을 만나 15년 동안 열심히 일을 해야 이만큼 성장하는데 다시 그 과정을 밟을 생각이 없어요. 사실 저는 제가 커피를 잘한다고 생각하지는 않아요. 저희 대표님을 굉장히 존경하죠. 가족처럼 생각하고. 대표님의 철학과 동료들에 대한 신뢰가 높게 형성된 편이거든요."

국가를 대표하는 바리스타들이 모여 겨루는 월드 바리스타 챔피언십 우승자에게서 커피를 잘하는 건 아니라는 말을 들을 줄은 몰랐다. 겸양의 표현이기도 하지만, 동시에 동료들에 대한 신뢰의 증명이기도 한 듯했다.

"저는 커피가 좋다기보다는 저희 회사가 좋았어요. 회사가 카페니까 커피를 해야 하고, 회사가 잘되려면 제가 잘해야 하는 거죠. 예전에 대표님이 돈가스집을 해 볼까 생각하신 적이 있어요. 정말 돈가스집을 하게 됐다면 전국으로 좋은 돼지고기를 찾아 떠났을 거예요. 모모스커피에는 저처럼 오래 일한 직원이 네다섯 명 있어요. 저희가 같이 하면 뭐든 할 수 있지 않을까, 재미있지 않을까 말하곤 하죠. (작은 소리로 웃으며) 힘들 때도 있지만요."

직원이 먼저 가족 같다고 표현하는 회사는 어떤 곳일까. 직원들에게 어떻게 보상할까 하는 고민이 당연히 필요하다.

"모모스커피는 한국 커피 업계에서 첫 번째나 두 번째 정도로 처우가 좋을 거예요. 한국에서 제일 안 그만두는 직업이 뭘까 생각해 보니 학교 선생님이더라고요. 선생님

으로 일하는 손님들께 왜 오래 일하는지 물어봤어요. 선생
님들도 일하다 보면 똑같이 힘들 때가 있대요. 하지만 방
학이 있고, 방학에도 월급이 나온다는 거죠. 그래서 저희도
방학을 만들었어요. 3년에 한 달 안식월 제도가 있어요. 영
어 공부가 하고 싶다면 학원 등록을 돕고, 직원의 자기 계
발에는 지원을 아끼지 않아요. 주 5일 근무에 연월차 제도
가 있으니까 10년 넘게 근속한 직원들은 한 달에 10일 이
상은 쉬고 있죠."

처음 아르바이트로 카페 일을 시작할 때는 단순했다. 대학
에서 사회복지학을 전공했지만, 비슷한 액수의 돈을 번다면
더 재미있어 보이는 일을 하고 싶었다. 카페에서 일하면 손
님들로부터 즉각적인 피드백을 받을 수 있었고, 좋은 피드백
이 올 때면 일에 대한 만족도가 빠르게 높아졌다. 애초에 사
람을 대하는 일이 잘 맞았다는 뜻으로 들렸다. 원래 사람들
과 어울리기를 좋아하는 성격인지 궁금했다.

"저희 집이 큰집인데 주말마다 친척이 다 모였어요. 외
가와 친가도 친해요. 어릴 때부터 집이 시끌시끌해서 많은
사람들과 잘 지내는 게 자연스러웠던 것 같아요. 하지만

어렸을 때 웃고 찍은 사진이 많지는 않거든요. 대학 다닐 때 셀카 숙제가 있었어요. 사회복지학과를 나와서 관련 분야의 일을 하면 몸이나 마음의 어려움을 겪는 분들을 대할 수 있으니 아침마다 셀카를 찍으라는 거예요. 거울을 보며 웃는 연습을 하라고요. 상대방이 나를 보고 기분이 좋아지도록. 제가 그걸 4년 동안 하루도 빼먹지 않고 했어요. 그래서인지 힘들 때도 기분에 휘둘리기보다는 잘 웃는 편인 것 같기는 해요. 그러다 사회복지사 1급 시험 안 치겠다고 하니까 가족 반대가 심했죠. 어디 여자가 다방에 가서 일하겠다는 거냐고. 그때는 전국에 커피숍이 5천 곳 정도였거든요. 지금은 부산에만 4천 곳이 넘어요."

내가 한번 보여 주겠어,
바리스타가 얼마나 대단한지

바리스타가 되겠다기보다는 전공을 살리는 대신 카페에서 일하겠다고 결정한 것이었다. 가족뿐 아니라 친구들도 반대에 나섰다.

"계속 안 좋은 이야기를 듣다 보니 저도 힘이 빠지더라

고요. 이 사람들을 멀리해야겠다는 생각에 가게 근처 이 길에 집을 얻었죠. 눈뜨면 바로 가게로 나왔어요. 피곤하면 들어가고. 2년 동안 가족은 명절에만 만났고, 친구도 안 만났어요. 오로지 커피만 했어요. '커피가 좋아서 잘하고 싶어.'라기보다는 '내가 한번 보여 줄게.' 하는 마음이었어요. 너희가 말한 거 다 잘못되었다는 거 한번 보여 줄게. 그러던 2009년에 대표님이 미국에 다녀왔어요. 저희는 그 전까지 스페셜티 커피가 뭔지도 몰랐거든요. 단순히 좋은 재료를 써서 친절하게 드리는 게 다였어요. 대표님이 미국에서 스페셜티 커피라는 걸 가져와서 마셔 보는데 신맛도 있고 맛이 다 다르더라고요. 그때 충격받았어요. 그리고 월드 바리스타 챔피언십에 출전한 한국 대표의 15분짜리 영상을 찍어 오셔서 처음으로 대회 시연을 봤어요. 가족과 친구들이 다 바리스타를 반대하는 제 상황과 정반대의 세상이 있는 거죠. 엄청나게 큰 무대에 선 한 명의 바리스타를 수많은 사람이 소리쳐 응원하는. 그래서 결심했죠. 저기에 서서 뭔가 보여 줘야겠다. 바리스타가 얼마나 대단한지 보여 줘야겠다. 어린 생각이었죠.(웃음) 회식하며 술 먹다가 '제가 한번 나가 보겠습니다!'라고 했어요."

월드 바리스타 챔피언십에 나가려면 먼저 코리아 바리스타 챔피언십에서 우승해 한국 챔피언이 되어야 했다. 2018년 첫 우승까지 9년이 걸렸다.

"2009년 월드 바리스타 챔피언십에 출전했던 이종훈 바리스타에게서 커피를 배웠어요. 제가 처음 외부에서 받은 커피 교육이었어요. 그때는 일주일에 하루만 일을 쉬어서 그날 서울로 갔어요. 2시부터 5시까지 교육이었는데 저는 12시부터 저녁 8시까지 있었어요. 수업 시간도 아닌데 그분이 어떻게 일하시는지 계속 봤어요. 이런 사람 처음이라고 하시더라고요. 그렇게 첫 대회를 나갔는데 제게는 큰 충격이었어요. 며칠에 걸쳐 많은 도구를 서울로 옮겨서 예선을 치르거든요. 그런데 심사위원이 "확실히 부산은 정보력이 떨어져서"라고 말하는 걸 직접 들은 거예요. 대회에는 트렌드가 있고 관련 정보를 갖춰야 하는데 저는 정보를 얻을 곳이 없었던 거죠. 저희끼리 영상 보면서 연습했으니까. 그 말을 듣고 부산을 더 부각시켜야겠다고 생각했어요."

모모스커피의 포장에는 '로스티드 인 부산'이라는 문구가 찍혀 있다. 포장의 그림도 부산 출신 작가들의 작품을 실었다. 부산에서도 커피를 잘할 수 있다는 걸 증명하겠다는 마음이 강해졌다.

"모든 것이 서울에 집중되어 있잖아요. 전문가도 그렇고, 일을 본격적으로 하려면 다들 서울로 가죠. 그런데 커피만큼은 부산을 한번 최고로 만들어 보자 싶었어요. 저희끼리 영어 수업을 듣고, 커피 스터디를 했어요. 타지에서 배워야 할 게 있으면 관련자들을 부산으로 초대했어요. 부산분들이 모여서 같이 배울 수 있도록."

전주연 바리스타와 함께 일하는 바리스타들도 힘을 보탰다.

"동료들이 심사 공부를 해서 대회에 심사 위원으로 참여했어요. 동료가 대회에서 저를 심사할 순 없지만 점수를 매기는 원칙을 알 수 있게 됐죠. 본선에서 최종심에 가는 파이널리스트 여섯 명을 선정하는데 저는 계속 거기 못 들더라고요. 그래서 나중에는 저도 심사 위원을 신청했어요. 심사를 보면 그다음 해에는 대회에 나갈 수가 없고 후년에 나갈 수 있어요. 중간에 3년간 대회 참가를 못 했죠. 심사를 직접 해 보니 동료에게 전해 듣기만 하던 것과 많이 다르더라고요. 옆에서 해 주는 말을 제가 제 생각에 맞춰 걸러 들었던 거예요. 그러다 직접 점수를 매겨 보니 왜 그 점수가 나오는지 알게 됐어요. 그때 커피 한 잔이 굉장히 크게 느껴졌어요. 이 커피 한 잔이 액체만으로 만들어지는 게 아니더라고요. 그렇게 3년을 쉬고 다시 대회에 나가서 처음으로 파이널리스트에 들었어요."

그건 내 실력이 아니야, 내 실수야

2018년에 코리아 바리스타 챔피언십에서 드디어 우승을 했다. 9년 만이었다. 월드 바리스타 챔피언십 준비를 위해 가장 먼저 포기한 것은 잠이었다.

"시연을 완성할 때까지는 매일이 새롭죠. 재미있어요. 하지만 시연이 완성되면 하루에 열 번 이상 반복해서 연습하니까 힘들었어요. 시연 한 번에 15분 정도 걸리고, 설거지에 30분 정도 걸리거든요. 한 세션을 하루에 열 번씩 똑같이 말하면서 똑같은 동작을 반복해요. 현장의 한 번을 위해서 몸이 기억할 때까지 반복해요. 영어로 설명하면서 시연하는 스토리텔링을 숙달하죠."

월드 바리스타 챔피언십 무대에 선 것으로 목표는 달성되었다. 9년 동안 동경하던 곳에 서서, 영상에서만 보던 네 사람을 마주한 때가 최고의 순간이었다. 그러나 새로운 문제가 생겼다.

"한국 대회 처음 나갔을 때처럼 낯설었어요. 모든 게 한국과 달랐어요. 시차는 둘째 치고, 가져간 그라인더가 220볼트였는데 거기는 110볼트인 식으로 환경이 달라지니까 기계들의 반응도 달라지더라고요. 제가 9년 만에 국가대표가 됐다는 걸 많은 분들이 알고 계셨거든요. 오랫동안 대회에 참여했기 때문에 올해 분명히 좋은 결과를 만들어 낼 거라는 말을 너무 많이 들었던 것도 부담이 됐어요. 그러다가 큰 실수를 했죠. 분쇄한 커피를 압착하는, 바리스타들에게는 가장 기본적인 '탬핑' 동작을 안 한 거예요. 커피 세 잔을 동시에 추출하는데 셋 다 큰 소리를 내며 터졌어요. 다시 추출해서 커피를 내야 하는데 뜨거운 물로 잔을 닦느라 54초가 초과됐어요. 1초당 1점이거든요. 2019년

월드 바리스타 챔피언십 출전 당시의
추억이 담긴 액자들.

에 제가 우승했을 때 2등과 10점 차이도 안 났어요. 그런데 54점이 깎인 거예요. 등수가 문제가 아니라 너무 부끄럽더라고요. 거기에서 저는 전주연이 아니라 '사우스 코리아'잖아요. 대기실로 가서 많이 울었어요."

대회 역사에서 탬핑 안 한 사람이 그 하나뿐이었다고 한다. 당연하게도.

"일부러 인스타그램에도 'No Tamping Girl'이라고 올리고 더 자주 언급했어요. '탬핑을 안 한 건 내가 유일하지 않아? 나는 1등이랑 똑같은 거 아냐?' 엄연히 실수였지만 유머러스하게 표현하다 보니까 오히려 유명해진 거 같아요. 그래서 2019년에 갔을 때 다들 저를 알고 있었어요. 되게 부끄러운 일이긴 한데 그래도 나는 온리 원이라고 해버린 거죠. 그건 내 실력이 아니라 실수야,라고 계속 마음속으로 되뇌었어요."

2018년에 처음이자 마지막일 줄 알았던 월드 바리스타 챔피언십에서 큰 실수를 하고, 2019년에 다시 같은 무대에 서게 되었을 때, 이번에는 정말 마지막이라는 생각이 들었다.

그러자 긴장이 풀렸다.

"운 좋게 여기 한 번 더 서게 됐으니 이제 내가 하고 싶은 대로 다 해 보고 싶었어요. 그 전에는 대회 당일에 너무 떨리니까 우황청심환을 먹었는데, 2019년에는 그것도 안 먹었어요. 다 기억하고 싶었어요. 내가 여기서 긴장을 하고 있구나. 이 말을 틀렸구나. 1위 안 해도 돼. 꼴찌 해도 돼. 가장 나답고 가장 재밌게 하자. 훨씬 재미있었죠."

월드 바리스타 챔피언십 무대에 서겠다고 결심한 지 9년 만에 무대에 섰고, 10년 만에 우승을 했다. 트로피를 든 사진을 보면, 체구가 큰 남자들 사이에 전주연 바리스타 혼자 여성이다. 그러고 보니 카페에서 일하는 사람은 여성이 많은데, 유명한 바리스타는 남자들만 떠오른다. 기분 탓일까.

"실제로 여자분들이 바리스타로 더 많이 일하고 있거든요. 하지만 대회에 참여하는, 특히 저처럼 기계를 사용하는 부문에 참여하는 사람은 남자가 많아요. 핸드 드립도 계속 남자들이 우승하다가 최근 2년 동안 여성들이 우승했어요. 한국 대회에서는 여성 챔피언이 저 말고 딱 한 분 더

계세요. 국내든 해외든 파이널리스트 여섯 명 중에 여성이
두 명인 적은 딱 한 번 봤어요. 남자가 기계를 더 잘 써서
라든가, 힘이 필요하기 때문이라든가 하는 말을 많이 하긴
해요."

하지만 체력이 문제의 다는 아니다.

"대회 준비할 때 9시간 가게 근무를 한 뒤 남은 시간에
연습하고 자료를 모았어요. 새벽 2~3시 정도까지 준비하
고 3~4시간 자고 출근했어요. 그걸 몇 달 동안 하는 거거
든요. 체력과 정신력이 모두 필요해요. 게다가 경험도 중
요하고요. 저는 결혼을 안 했잖아요. 그런데 이 직업으로
10년 정도 일하신 여성들은 대체로 결혼을 하셨거든요. 결
혼을 하면 얽매이는 게 더 많고 저처럼 밤을 새우기 어려
워요. 그런 부분이 크지 않을까 싶어요. 1~2년 해서 되는
게 아니니까요. 그래도 월드 바리스타 챔피언십은 한국 대
회보다는 여성들 비중이 더 높아요. 다른 나라에서는 여자
분들이 우승하는 경우가 많다는 뜻이죠."

여성 우승자 증가는 최근 눈에 띄는 추세가 되었다.

"시대의 흐름과 같이 가는 거 같아요. 최근에 자동화가 많이 진행되었잖아요. 그렇다 보니 커피 산업에서도 대회에서도 고객 서비스에 대한 중요성이 점점 높아지고 있어요. 대회 세부 규칙이 매년 바뀌거든요. 시간이 지나서 돌아보면 고객 서비스를 중요하게 여겨서 규칙이 바뀌었다는 게 보여요. 최근 모든 산업 분야에서 여성들의 역량이 더 부각된다는 점도 빼놓을 순 없겠죠."

'우리'의 확장

자동화에 대한 이야기가 나와서 궁금한 점이 생겼다. 스타벅스에서는 자동 커피 머신을 쓴다. 그러면 바리스타 역할은 축소되는 게 아닐까.

"스타벅스 리저브는 여전히 바리스타 중심의 서비스를 하죠. 스타벅스는 큰 형님이다 보니, 업계에 미치는 영향이 커요. 자동화가 필요하긴 해요. 스타벅스가 자동화 시스템으로 넘어간 덕분에 나이가 많은 분들도 커피 산업에서 일할 수 있게 됐어요. 스타벅스에서는 장애인도 일할 수 있고요. 그런 건 자동화 시스템의 힘이죠. 그러니까 같이 존재하는 게 맞다고 봐요."

전주연 바리스타의 이야기를 듣는 일이 특별히 즐거운 이유는 그가 '동료'로 받아들이는 범주가 아주 넓어서다. 그는 모모스커피의 동료는 물론이고, 같은 산업에 종사하는 사람들 모두를 염두에 두고 있었다. 모모스커피, 부산이라는 지역, 바리스타라는 직업, 커피 산업, 나아가 커피 원두 산지의 농부들까지 어떻게 하면 더 나은 대가를 얻을 수 있을지.

"처음 월드 바리스타 챔피언십에 도전한 이유는 가족과 친구들에게 바리스타가 얼마나 대단한 직업인지 보여 주려는 것이었잖아요. 그래서 바리스타라는 직업이 전문직이라는 걸 계속 알리려고 해요. 커피 산업에서 일하는 우리끼리는 알아요. 얼마나 열심히 하는지. 저보고 왜 후배들을 더 만나지 않느냐는 분들도 계시는데, 저의 목표는 우리끼리 더 잘하는 게 아니라 산업에 종사하지 않는 사람들이 우리의 가치를 알아주는 거예요. 그래서 인터뷰를 더많이 하고, 대중에 알리려고 노력해요. 사람들이 내게 관심을 가질 때 스페셜티 커피라는 말을 자꾸 뱉어야겠다고."

함께 일하는 다른 바리스타들도 그 덕을 봤다. 손님들의 불만이 크게 줄어든 것이다. 모모스커피는 커피를 필터로 내리니까, 시간이 좀 더 걸리는 편이다. 예전에는 바로 항의가 들어왔지만 요즘에는 "그래도 맛있는 가게니까."라고 이해 받는다. 실력 있는 사람들이니까 제대로 하리라는 신뢰가 불러온 변화다. 산미가 있는 커피를 낯설어하는 손님들도 마찬가지다.

"예전에는 커피가 상했다는 클레임이 들어왔는데, 요즘에는 '내 입이 촌스러워서…….' 하고 슬쩍 말씀하시는 식으로 바뀌었달까요. 고객님들이 주목하는 가치가 무엇인지에 따른 변화라고 생각해요."

얼굴 한번 본 적 없는 사람들로부터도 감사 인사를 받는다.

"워킹 홀리데이로 호주에서 바리스타로 일하는 분들도 꽤 계시거든요. 제가 우승하고 나서 한국인 바리스타에 대한 커피숍 대표님들의 인식이 좋아졌다고 고맙다는 인사를 들었어요."

코로나19 이전까지 가장 신경을 쓴 부분은 바로 커피 원두 산지와 직접 거래하고, 농부들에게 더 큰 이익이 갈 수 있도록 노력하는 것이었다. 그는 월드 바리스타 챔피언십 우승 이후 6개월 정도 커피 산지에서 지냈다. 돈이 안 된다는 이유로 농사를 포기하는 분들이 많았기 때문이다.

"산업에 있는 사람들이 잘살아야 젊은 분들이 꾸준히 유입되거든요. 지금 저희가 거래하는 산지들을 유명하게 만들어야 한다는 책임감이 있어요. 커피 농사를 지어도 다른 것 하는 만큼 돈을 벌 수 있다는 인식을 심어 주고 싶어요. 그래서 가게에서 산지 이야기를 최대한 전달하려고 노력해요. 제가 에콰도르에 갔을 때 월드 챔피언이라는 사람이 처음 왔으니까 시장님도 오시고 파티까지 열었어요. 그곳에 제가 굉장히 좋아하는 농부 할아버지가 계신데, 그분이 젊었을 땐 좋은 원두를 생산했지만 점점 쉽지 않은 여건인 모양이더라고요. 에콰도르가 적도에 걸쳐 있으니 지구 온난화 영향을 크게 받거든요. 농장 올라가는 길도 연세가 드셔서 다리에 힘을 주지 않으면 미끄러져요. 그래서 시장님이 오셨을 때 그 농장에 같이 가서 도로 공사가 필

요하다고 건의했어요. 그러면서 제 말의 힘이 커졌다는 걸
알았어요. 커피 소비국이 아니라 생산국에서 더 많이 활동
해야겠다고도 느꼈고요."

전주연 바리스타는 산지의 이야기를 더 알리고, 그 커피를
소비자들이 친숙하게 즐기게 하고 싶다. 고가의 스페셜티 커
피 시장을 자리 잡게 하려는 노력이다. 그러면 저가 커피 업
체가 늘어나는 상황에 대해서는 어떻게 생각할까.

"저가 커피도 중요한 역할을 해요. 진입 장벽을 낮춰 주거든요. 커피에 대해 아무것도 모르던 사람이 비싼 돈을 주고 스페셜티 커피를 사 마시기는 어려워요. 일상적인 커피 소비력을 키우는 곳이 바로 저가 커피 시장이에요. 싼 커피를 계속 마시다가 어느 날 맛있는 커피를 마셔 보면, 자연스럽게 맛있는 커피를 또 마시고 싶어져요."

맛있는 커피를
만드는 기술

매장에서 마시는 커피는 맛있었는데 같은 원두를 사 와서 집에서 마실 때는 같은 맛이 나지 않을 때가 있다. 그 차이는 어디서 오는 것일까. 인터뷰를 진행한, 모모스커피 매장 옆의 모모스커피랩에는 여러 종류의 물을 사용할 수 있는 장비가 눈에 띄었다.

"커피 한 잔은 커피 원두와 물이 만나 만들어져요. 좋은 원두를 선택했으면 거기에 맞는 물을 선택해야 한다는 말이죠. 비싼 물이 좋다는 뜻이 아니거든요. 서울과 비교하면 부산처럼 남쪽 지역은 물 속의 미네랄 수치가 높은 편이에요. 서울을 예로 들면 비가 내린 다음 날 미네랄 수치가 너무 낮아져서 문제예요. 반면에 부산은 비가 내려서 미네랄 성분이 희석이 되어야 커피가 더 맛있게 나오거든요. 수돗물은 피하는 게 좋죠. 칼슘 함량이 높아서 커피가 무겁고 써져요. 적정 미네랄을 가진 물을 택하는 게 이상적인데 사서 쓰시는 게 좋아요. 정수기 물은 음용으로 좋지 커피에 맞는 물은 아니고요. 커피숍에서는 커피 추출에 적합한

물을 사용하고 있어요. 주로 드시는 원두가 있다면 생수를 다양하게 바꿔서 커피를 내려 보시고 가장 잘 맞는 게 무엇인지 찾아보세요."

커피의 맛에 대한 고민은 월드 바리스타 챔피언십에서 전주연 바리스타에게 우승을 안겨 주기도 했다. 2019년 시연의 주제였던 탄수화물이 커피의 단맛에 미치는 영향은 2018년에 준비했던 질감에 대한 탐구의 연장선에 있는 내용이었다.

"코리아 바리스타 챔피언십에 나갈 때마다 1년에 한 번 치르는 나의 시험이라고 생각했거든요. 매년 커피 산업에 던지고 싶은 나만의 질문은 무엇일까를 고민했어요. 2018년에는 커피 속 지방 성분에 대한 시연을 준비했는데, 저 혼자서는 도무지 방법이 없더라고요. 커피 원두의 성분을 정교하게 추출해야 했거든요. 그래서 식품공학과들에 메일을 다 썼어요. 한 곳쯤은 답장을 주겠지 했는데, 어디에서도 답이 없었어요. 그래서 그다음에는 전화를 돌렸어요. 한국을 대표해서 이런 대회에 나가는데 도움을 얻고 싶다. 비용이 필요하면 지불할 용의가 있다. 부경대학교에서 두 분으로부터 연락이 왔어요. 그래서 도움을 받을 수 있었어요. 2019년에는 커피 원두에 원래 있는 탄수화물을 끄집어내 단맛을 느낄 수 있게 하는 시연을 준비했는데, 전년도에 기반을 다져둔 것의 연장선에 있는 작업이었어요."

커피의 맛은 복합적이고 풍부하게 추출해야 한다면, 월드 바리스타 챔피언십에서 시연을 할 때는 효과적이고 명확하게 이야기를 전달해야 했다. 관련 지식을 잔뜩 머리에 넣은 뒤 가지치기를 하면서 주제를 효과적으로 전달할 수 있는 뼈대만을 남겼다.

"2013년에 외국인 코치를 처음 만났는데 그때 배웠어요. 공부한 걸 마인드맵으로 만들라고 하더라고요. 공부한 걸 다 마인드맵으로 만들면 가지가 많아지잖아요. 그 가운데가 가장 핵심이 되는 단어고요. 가지 끝으로 갈수록 전문가들만 알고 관심 갖는 정보인 거예요. 가지 말단에서는 하나만 고르고 나머지는 다 버리라고 하더라고요. 이 모든 정보를 처음 듣는 사람이 바로 이해할 수 있도록 전달해야 한다는 거죠."

책임이 커지고
일이 커진다

전주연 바리스타는 모모스커피의 이사다. 최근에는 제품 개발과 베이커리 업무를 주로 맡고 있다.

> "저는 새로운 걸 워낙 좋아하다 보니 새로운 일을 하는 게 적성이랑 잘 맞아요. 한 가지를 오래 하는 걸 힘들어하는 편이에요. 제품을 출시할 때까지 같이 테이스팅을 하고, 베이커리 기획에 참여하기도 해요. 제가 베이킹을 하는 건 아니지만요. 커피처럼 밀도 직접 거래하고 싶어서 경상남도 함양으로 농부들을 만나러 다녀요. 제분하는 것도 보고 싶고. 커피만큼 베이커리 완성도를 올리고 싶어요. 마음 편하기로 따지면 커피 내리는 일이 제일이지만요."

한 가지 일을 오래 하기가 힘들다지만 월드 바리스타 챔피언십을 목표로 10년을 쏟아부었다. 가족과 사이가 좋지만 바리스타 일을 반대했을 때는 단호히 거리를 두고 지냈다. 바리스타라는 직업을 어려서부터 꿈꿔 온 것은 아니었음에도, 목표를 세운 뒤에는 철저히 그 결정을 따랐다.

"사람을 잘 믿는 스타일인가? 주변의 영향이 가장 커요. 동료들이 없었다면 저도 많이 흔들렸을 텐데. 아무것도 없는데도 '우린 해낼 거야.'라는 믿음이 있었어요. 제가 20살이고 대표님이 29살이던 때 가게를 시작했거든요. 그때 같이 일하던 동료들이 지금도 함께하고 있어요. 직업을 정하거나 바꿀 때 전공을 살리려고들 하는데, 잘하는 걸 했을 때 얻는 성취감도 있지만 몰랐던 일을 하면서 얻는 재미는 또 달라요. 사람은 살면서 대부분의 시간을 일을 하면서 보내니까 이 일을 하면서 긴 시간을 보내도 행복할지가 중요하죠. 그 확신은 좋아하는 일만큼이나 주변 사람들로부터 온다고 생각했어요. 예전에 제가 힘들어할 때마다 대표님이 한 얘기가 있거든요. 딱 10년만 해 보라고. 10년만 하면 전문가가 된다던데, 하고. 아무것도 모르는 채로 시작해서 10년을 했더니 자연스럽게 잘하는 일이 되더라고요."

영향을 끼치는 주변 사람들 중에는 손님들도 있다.

"손님들이 맛있게 드셔 주셨을 때, 커피를 즐겨 주셨을 때 보람 있어요. '맛있게 마시고 가요.'라는 말 한마디 들었을 때 기분 좋아요. 저는 커피를 맛있게 내리는 건 아니에요. 종종 손님들이 이야기를 나누고 가실 때, 좋은 기운 받아 간다고 하시거든요. 내가 가진 것으로 인해 누군가가 긍정적인 생각을 한 번이라도 더 하게 된다는 건 중요한 가치죠. 월드 바리스타 챔피언십은 제 개인적인 욕심으로 시작한 일이지만, 외국에서 일하는 한국인 바리스타들에게 긍정적 영향을 미치게 됐고, 모모스커피의 직원들도 일하기 편해졌고, 스페셜티 커피의 원두를 생산하는 분들도 고맙다고 말씀해 주세요. 뭐가 가장 좋다고 하나를 꼽기는 힘들지만 개인적인 목표로 시작한 일이 긍정적인 영향을 미치는 결과로 이어져서 기뻐요."

실력을 인정받고 역할이 커지고 말에 힘이 실리면서 더 건강한 영향력을 행사하는 사람이 된다. 일이 주는, 일 이상의 즐거움이란 이런 것이 아닐까.

안 되면

되는

길로
간다

*작가
정세랑

2010년 『판타스틱』에 단편 「드림, 드림, 드림」을 발표하며 작품 활동을 시작했다. 소설집 『옥상에서 만나요』 『목소리를 드릴게요』, 장편소설 『이만큼 가까이』 『보건교사 안은영』 『피프티 피플』 『시선으로부터,』 등이 있다. 넷플릭스 드라마로 제작된 「보건교사 안은영」 각본에 참여했다.

●

소설 『보건교사 안은영』(민음사 2015)은 승권이라는 이름의 학생이 초, 중, 고등학교를 함께 다닌 혜현을 찾는 장면으로 시작한다. 담임인 한문 선생이 그를 불러 세우려고 시도한다. "조승권, 어디 가? 너 오늘 지각했지?"(10면) 혜현을 좋아하는 승권이 고백이라도 하려고 생각만 하는 동안 혜현은 몇 번이나 다른 아이와 연애를 했다. 승권은 혜현을 찾아 들어간 과학실에서 뒷목에 무언가 따끔하게 박히는 걸 느끼고 보건실로 간다. 보건 교사가 핀셋을 들고 정체불명의 가시 같은 것을 빼낸다. 이 세계의 주인공이 승권과 혜현인 것처럼, 정세랑 작가는 『보건교사 안은영』의 운을 뗀다. 정작 주인공인 안은영은 승권 입장에서 "보건 교사"일 뿐이고, '거의 주인공' 홍인표는 "담임인 한문"으로 스쳐 지난다. 다음 장면에 이르면 이들에게 포커스가 맞을 예정이다. 매 이야기마다, 정세랑은 새로 주인공을 세우고 그때마다 안은영은 옆으로 물러난다. 그의 이야기가 새로운 이름을 호명할 때마다, 그가 바라보는 새로운 세상이 하나씩 생겨난다. 주인공은 지금 작가 정세랑이 포커스를 맞추기로 결정한 사람이다.

2017년 제50회 한국일보문학상 수상작인 『피프티 피플』(창비 2016)은 그런 정세랑의 세계를 잘 보여 준다. 차례는 오로지 50인의 이름으로 이루어졌으며, 이름만으로 내용을 예측하는 건 불가능하다. 한 사람은 하나의 세계. 나는 종종 정세랑의 소설 속 인물이 되고 싶다고 느낀다. 나는 내가 상상하는 모든 이상한 일들을 경험할 테지만, 또한 나는 살아남을 것이다. 다른 사람들과 함께. 특정한 누군가가 되고 싶다는 말이 아니라, 그의 이야기 주파수가 통하는 사람이라면 누가 되어도 좋다. 사람의 매력이 반짝, 하는 순간을 포착하기 좋아한다는 정세랑 작가는 스스로 '장점 특화형'이라고 말하는데, 그보다 정확한 분석은 없을 것이다.

"이 소설은 무엇보다 20세기를 살아낸 여자들에게 바치는 21세기의 사랑이다."(334면)라는 『시선으로부터,』(문학동네 2020) '작가의 말' 속 한 문장은 여성 독자들이 여성 작가의 소설을 읽는 이유를 대변하는 듯 느껴지기도 한다. 독자 정세랑에게 특별했던 작가가 누구였는지부터 물을 수밖에 없었다.

> "어렸을 때 읽은 책 중에서 아스트리드 린드그렌의 『산적의 딸 로냐』, 나탈리 배비트의 『트리갭의 샘물』은 지금까지 갖고 있어요. J.R.R. 톨킨의 『호빗』을 열심히 봤고, 에이브 전집도 좋아했어요. 문화적으로 혜택을 많이 입은 세대라고 생각해요. 티브이 만화도 좋아했고요."

친구들이 돌려 본 소설 창작 노트가 스케일이 큰 판타지 소설을 비롯해 몇 권이나 됐다. "지금도 가끔 연락하는 친구들이 있어요. 그때 그러더니 그 길로 갔구나, 하죠."

안 되면
되는 길로 간다

글을 발표하는 플랫폼이 다양해지고 작가로 데뷔하는 경로 역시 그만큼 늘어났지만, 오랫동안 기성 문단의 통로를 통해 '등단' 절차를 거치는 것이 작가가 되는 가장 분명한 방식으로 이야기되었다. 정세랑 작가는 지금은 폐간된 장르

작가 정세랑   **113**

문화 매거진 『판타스틱』을 통해 데뷔했는데, 처음부터 장르적 목표가 뚜렷했기 때문이었을까 싶어 그 경위를 질문했더니 답은 간단했다. "여러 공모전에 도전했다가 떨어진 거죠. 많이 떨어졌어요." 쉽게 말한 듯이 들리지만 문학 계간지 신인문학상 최종심에 오른 적이 몇 번 있었기 때문에 등단에 초점을 맞춘 시도를 더 이어 갈 수도 있었다. 하지만 "이게 아니면 안 된다는 마음이 없는 편이라서" 장르적인 요소가 강하다는 심사평을 믿어 보기로 하고 생각을 바꿨다. 장르적이라는 말을 많이 들으니 아예 장르적으로 가 볼까. "『판타스틱』 정성원 편집장님이 원고 보고 바로 데뷔하자고 해서 발표하게 됐어요. 그 전에는 열댓 번 이상 떨어졌던 것 같아요."

최종심에서 장르성이 강하다는 이유로 탈락을 거듭하면 장르성을 지우고 다시 쓰는 대신 장르소설을 다루는 잡지로 가면 된다. 하지만 정세랑 작가가 받은 한국일보문학상은 장르문학상이 아니다. 재미있는 이야기지만, 일단 작품을 발표할 수 있게 되고 책을 내 문학상 후보에 오르거나 상을 받으면 주류 평단에서는 작가가 지닌 장르적 색채를 그의 개성 있는 작품 세계로 해석하기 시작한다. SF나 판타지 소설 작가가 아니라 문단의 장르적 작가가 되는 셈이다. 애매하게 규정되는 작가로 존재하는 것의 장점도 있었는데, 직업으로서 '소설가'라는 일에 대한 감각을 키우는 데 여러 상황을 비교하는 일이 가능했기 때문이다. 편집자로 일한 경험도 도움이 됐다. 문학상은 상금으로 지급한 선인세를 만회하기 위해 출판사에서 책을 적극적으로 홍보한다. "그렇다면 상을 받아야겠다는 생각에 조금 이상한 마음으로 장르 색 확 빼고 장편을 썼어요." 제7회 창비장편소설상 수상작 『이만큼 가까이』(창비 2014) 얘기다.

소설가가 되는 것과 소설가로 먹고사는 것 사이에는 넓은 틈이 있다. 그로부터 소설가로 '잘' 먹고사는 데까지는 행성과 행성 사이만큼의 간극이 있다. 그런 상황에서 정세랑 작가는 꽤 잘해 오고 있는 듯 보인다. 2020년 들어 베스트셀러 목록에 그의 책이 오르지 않은 날은 없다. 거의 내내 두 권 이상의 책이 눈에 띈다. 장편소설 『시선으로부터,』 소설집 『목소리를 드릴게요』(아작 2020) 외에도 『보건교사 안은영』처럼 넷플릭스 오리지널로 만들어지며 다시 화제를 모으는 작품까지.

"그때그때 업계의 부침에 따라 계속 움직인 거 같아요. 여기 풀이 떨어지면 다른 데로 가는 유목민처럼. 성장을

혼자 할 수 있는 게 아니더라고요. 속한 분야의 전체적인 부흥 없이는 어려울 때가 많아요."

전업 작가가 되기 전에 편집자로 일한 경험은 어땠을까.

"글을 쓰는 사람이 모두 인격적으로 완성된 사람은 아니라는 걸 깨달았어요. 다른 사람의 업무를 존중해야 한다는 것도 배웠고. 나 자신도 안 해치고 타인도 안 해치면서 예술을 해야겠다고 생각했어요. 그게 편집자로서 얻은 제일 큰 교훈."

편집자라는 일의 특성과 별개로 직장인으로 산 경험이 도와준 것들도 있었다.

"어떤 사람이 악의를 가지고 잘못했으면 화를 내야 하는데 실수면 그냥 넘어가야 한다는 것. 일부러 그런 게 아니면 수습하는 데 시간을 쓰는 편이 낫다. 그걸 구분하는 감각이 생긴 것 같아요."

흐름을 읽는 법에 대하여

여기까지 들으면 예지력이라도 있는 것 같지만, 정세랑 작가는 잡지 폐간이나 제작 중단 등의 위기를 겪은 적이 적지 않다. 변변히 시작을 알리기도 전에 없던 일이 되어 다른 사람은 모르는 경우도 본인은 다 기억하기 때문에 종종 부침이 있었다는 생각을 한다. 그럼에도 할 수 있는 걸 하고 다음에 움직일 방향을 본다는 건 어쩐지 부러운 일이다.

> "마케팅 인턴 경험이 큰 도움이 됐다고 생각합니다. 트렌드 분석하는 일을 몇 년 했어요. 대학생 인턴들은 해당 분야가 앞으로 어떻게 움직일 것이라든가, 젊은 세대는 이런 걸 좋아한다는 식의 보고서를 쓰는 일이 많잖아요. 포지셔닝을 늘 생각하게 돼요. 시장에서 내 위치가 어디에 있는지 알아야 전략을 세울 수 있으니까요."

예술 작품도 상품이다. 해당 작품이 소비되는 시장 상황을 파악한다는 것은 최소한 책이 팔리는 시장이 어디에 존재하는지, 존재하긴 하는지를 안다는 뜻이다. 많이 팔리는지는 그다음의 문제다.

"예술 한다고 굶을 수도 없고, 누가 나 알아봐 줄 때까지 기다릴 수도 없고. 그렇게 예술 하던 시대는 지난 것 같고. 독자에게 노출되는 기회는 밖에서 보이는 것보다 훨씬 자주 자본이 결정하더라고요. 누굴 소개해 주는 데는 항상 돈이 드니까. 그래서 예술을 하는 사람일수록 전체적인 판의 흐름, 돈의 흐름까지는 아니어도 판의 흐름은 알아야 앞서가서 기다릴 수 있는 것 같아요. 저는 장르문학의 상황이 아직 안 좋았을 때 시작했지만 뭔가 있다고 생각했어요. 이제 좋은 작가들이 많이 나오고 있으니까요. 앞으로 뜰 것 같은 분야를 알아볼 필요도 있다는 얘기예요. 소설을 쓰고 싶다고 해서 문단이나 기성 출판만 생각하시지는 않아도 되잖아요. 요새는 다양한 영역들이 점점 열리는 추세니까요."

최근에 그는 소설로 쓴 『보건교사 안은영』의 각본 작업도 했다. 소설과 드라마 대본은 어떤 점이 다를까.

"출판 같은 경우는 편집자님과 상의를 해서 여러 의견을 받지만 출간 직전까지 교정지를 보니까 기본적으로 작가가 마지막 디테일 하나까지 장악할 수 있잖아요. 그에 비해 대본은 처음부터 끝까지 협업이고 마침표를 찍는 사람이 제가 아니니까 사실상 아무것도 컨트롤할 수가 없어요. 제가 뭘 하고 싶으면 감독, 기획 PD, 방영권 관계자까지 당장 여덟 명 이상을 설득해야 해요. 힘듦도 재미도 거기에서 발생합니다. 그런데 수익 면에서는 소설보다 10배, 적어도 10배거든요. 소설에만 집중하고 싶은 작가라면 그래도 좋지만, 마음이 열려 있는 편이라면 다른 매체도 고려해 보시면 좋겠어요. 물론 무서워요. 출판보다 계약서가 훨씬 무섭고, 큰돈이 오가죠. 출판계 사람들은 거의 문어체로 말하는데(웃음) 방송국 사람들은 말하는 톤이 다르니 겁이 날 때도 있죠. 그래도 더 많은 향유자를 만날 수 있잖아요. 앞으로는 더 변화하는 매체에 계속 몸을 바꿀 수 있는 창작자들에게 기회가 많은 것 같아요. 이상적이라고 말할 수는 없지만 해 볼 만하죠."

글에 대해 처음 긍정적인 피드백을 받았던 시기를 묻자, 중학생 때라는 대답이 돌아왔다. 선생님이 글을 지역 청소년 잡지에 보내 주겠다고 격려해 준 기억이 있다. 고등학생 때 학교 도서관 담당 교사는 문학을 좋아하는 생물 선생님이었다.

"그 선생님께서 제가 한 과제를 좋아하셔서 그분 반에 붙여 놓으셨어요. 그 반 친구들이 제게 '선생님이 우리 교실 앞에 네가 쓴 글을 붙여 놓으셨어.'라고 해서 기뻤죠. 생각해 보면 되게 신기한 분이셨어요. 제가 교생 실습 하러 다시 학교에 갔을 때 저보고 '드라마 써.' 그러셨거든요. 선생님들은 좋은 역할을 하시는 것 같아요. 학생들의 가능성을 봐 주시는 별거 아닌 한마디가 큰 힘이 되니까요. 정말 작은 관심이어도 애정이 있어야 가능한 거니까. 에너지가 드는 일이니까. 복이 많았어요."

고등학생 때는 책을 많이 읽었지만 게임도 많이 했고 만화도 많이 봤다. 그가 평생 가져갈 콘텐츠를 누에고치처럼 마음껏 먹은 나이였다. "이제는 십 대 후반, 이십 대 초반이 그렇게 할 수 있는 시대가 아닌 것 같아서 속상해요. 목적 없이 접하는 콘텐츠가 잘 스며드는 나이가 있으니까 많은 분들이 그런 기회를 가지길 바라고 있어요."

정세랑의 '큰 테두리'

가고자 하는 방향을 안다 해도 그 길로 가지 않을 수 있다. 계획과 다른 일은 언제나 생긴다. 그러면 임기응변이 필요해진다. 그렇다면 계획을 세울 필요가 없을까? 하지만 어디로 가려고 했는지를 알아야 수정이 가능하기 때문에, 계획은 중요하다.

> "수정한 방향이 자기한테 더 잘 맞을 수도 있거든요. 글을 쓰겠다면, 글을 쓴다는 정도만 정해 두고 어떤 형식이나 장르가 맞는지는 있는 힘껏 다양하게 접해 보고, 분위기가 나쁘면 옆으로 옮기고 옆으로 옮기고……. 그걸 장르 작가들이 특히 잘해요. 게임 시나리오를 쓰다가 게임 업계의 과로하는 분위기가 견디기 어려워지면 영화 시나리오를 쓰고, 드라마 대본 쓰다가 아동 애니메이션 쓰다가……. 몸 바꾸기는 1년 이상 걸리는 과정이거든요. 많이 보고, 읽고, 데이터베이스를 새로 쌓고. 김이나 작사가님 책 보니까 그분도 일을 많이 옮기셨더라고요. 그게 좋은 거 같아요. 회사도 다니셨다가 기획사에서 프로젝트에 맞게 작곡가 섭외 및 곡 수집을 하는 A&R(Artists and repertoire)

정세랑 작가의 작업실 책상.

도 하셨고요. 그 모든 일을 하시면서 '쓴다'는 목적은 항상 염두에 두셨기 때문에 결국 작사가가 되셨잖아요. 그렇게 옮겨 다니는 걸 별로 두려워하지 않으셔도 될 것 같아요. 제 세대보다 앞으로의 세대는 옮겨 다닐 일이 더 많지 싶 고요. 매체 환경이 바뀌니 그 역시 변수가 되겠죠. 큰 테두 리! 큰 테두리만 생각하면 돼요."

이슬아 작가가 이메일 구독 서비스를, 수신지 작가가 인스 타그램 연재를 한 뒤 자기 출판사를 차려 책을 낸 것은 기분 좋은 충격이었다.

"아, 저렇게 뛰어넘을 수 있는데 경주마처럼 생각하지 말아야겠다. 출판은 특히 그렇잖아요. 자기 콘텐츠가 있으면 꼭 업계나 기존의 방식에 갇히지 않아도 되는구나. 그걸 해내는 사람들을 보면 좋은 자극을 받아요. 꼭 자기 분야가 아니라도 비슷한 시도를 하는 사람들을 만나거나 보는 게 정말 중요해요."

정세랑과 연결된 세계

"쓰는 걸 좋아한다기보다는 완성하고 나서 그 내용을 잊어버리는 걸 좋아하는 것 같아요. 머리에서 꺼내고 나면 개운한 느낌이 핵심. 쓰면서 하하하 즐거운 순간이 없는 건 아니지만, 완성해서 파일을 보내고 거기서 벗어난 느낌을 좋아하는 쪽이에요. 하고 싶은 이야기를 나라는 필터를 통해 끝까지 통과시켰다는 개운함. 새로운 걸 받아들이기 위해 머리가 비어 있는 느낌이 좋아서 쓰고 있지 싶어요."

아마추어는 시작은 신나서 잘 해도 끝을 잘 못 내는 경향이 있다면 프로는 싫어도 끝을 내는 일에 숙달된 사람들이다. 시작해서 끝을 볼 때까지 집중할 수 있는 힘이 무엇일까.

"처음에는 글이 막혔을 때 좀 헤맸는데 이젠 그렇지 않아요. 쓰다가 막힌다는 말은 글이 문제가 아니라 덜 읽은 거예요. 관련해서 더 많이 읽고 더 자료 조사를 하고 더 많이 사람을 만났어야 했는데 그걸 못 했을 때 막히는 경우가 많아요. 아웃풋이 안 될 땐 아웃풋만 어떻게 해 보려고 하는데 인풋을 조정해야 맞아요. 일주일 동안 아무것도 안 나온다 하면 과감히 쓰는 걸 아예 그만두고 관련해서 책을 읽고, 영화를 보고, 다큐를 보고, 현장을 방문하고, 그 업계에 있는 사람을 만나고, 그런 작업을 하면 금방 풀리는 것 같아요. 100을 흡수해야 1을 쓸 수 있는데, 1에서 고장 나는 경우보다 100에서 고장 나는 경우가 많으니까. 창작 수업을 다녀 보면 생각보다 인풋이 안 된 채로 쓰려는 마음이 앞서는 경우가 많은데, 인풋을 많이 하는 게 최선이에요."

언젠가 정세랑 작가가 신라 시대를 배경으로 한 이야기를 쓰고 싶다고 한 말을 접한 적이 있다. 역사교육학과를 나온 것이 소설을 쓰는 데도 도움이 될까.

"소재도 소재지만 세상을 보는 틀이 다르다는 말을 종종 들어요. 시간, 공간 단위가 다른 작가들과 다르다고요. 100년은 제게 굉장히 짧은 시간이거든요. 100년은 뭐, 역사학 공부한 사람들에게는 별거 아니기 때문에. 국경 뛰어넘는 것도 별거 아니고, 남들과 다른 틀로 세계를 볼 수 있다는 면에서 꼭 창작과 관련된 전공을 하지 않는 것도 창작에 큰 도움이 된다고 생각해요."

그의 소설은 가장 먼 시대까지 점프할 수 있지만, 또한 정확히 동시대 독자들의 옆에 설 줄 안다.

"완전히 동시대 독자들을 위해 쓰는 글들이 있어요. 당장 직면한 문제라서 같이 생각해 봤으면 좋겠습니다, 하는 마음으로 쓴 글이 『피프티 피플』이나 『옥상에서 만나요』(창비 2018)에 실린 단편들이거든요. 『보건교사 안은영』『지구에서 한아뿐』(네오픽션 2012, 개정판 난다 2019)처럼 제가 저 즐겁자고 쓰는 글도 분명히 있죠. 읽는 쾌감에 집중하는 편이거든요. 미끄러지고, 빨라지고, 큰 특수 효과가 머릿속에서 일어나는 쾌감의 경험이 있어야 한다고 여기기 때문

에 그것을 우선시할 때도 확실히 있어요. 그 둘 사이를 오
가는 거죠."

정세랑 작가가 소설을 쓰는 제일 큰 동력은 연결감. 동시
대 사람들과 함께 호흡하며 더 정교해진다는 감각을 중시
한다.

창작은 좋아한다는 감각을 유지할 때 더 잘할 수 있는 일
이다. 작가가 좋아하는 책은 어떤 작품들이었을까.

"고등학생 때는 전집 독파형이었어요. 왜 좋아했는지 모
르겠어요. 지금 와서 다시 읽으면 그때처럼 좋아할 거 같
지는 않거든요. 오락거리가 적어서 그랬던 거 같아요. 다른
나라 소설 읽으면 여행하는 기분이잖아요. 남미 소설 읽으
면 남미는 어떤 풍경일까 생각해 보고, 모르는 음식 나오
면 대체 무슨 맛이길래 이 사람들이 이런 걸 먹나 궁금할
때도 있었어요. 아보카도를 먹어 보기 전에는 아보카도 맛
을 상상할 수가 없잖아요. 그런 것들에 대한 선망이 있어
서였는지 세계문학 전집을 열심히 읽었고, 그리고 한국 순
정만화를 좋아했어요. 천계영, 권교정, 강경옥, 황미나, 유
시진 작가님 가리지 않고 엄청 읽었어요."

소설가 정세랑과
탐조가 정세랑

새 책이 나오기 직전에 마음속에서 가장 크게 들리는 목소리는 무엇인지 물었다.

"책만 있고 저는 없으면 좋겠다는 생각을 제일 많이 하거든요.(웃음) 각종 홍보 활동들을 하다 보면 작가가 너무 노출돼요. 제가 소설을 쓰려고 한 이유는 조용한 직업일 줄 알았기 때문이거든요. 그런데 생각보다 너무 외향적인 직업이었던 거죠. 그걸 아셔야 해요. 글을 쓰는 것만 문제가 아니라 부가적인 활동이 자기에게 잘 맞나? 출판 소설은 작가 노출이 많고, 웹소설이나 드라마 작가는 실시간 악플이 문제고. 성격에 안 맞으면 정말 큰 괴로움이에요. 행사를 절대 안 하는 작가가 있고, 인터넷 문화에 큰 시달림을 받는 작가들도 있는데, 이런 부수적인 문제점들은 그 일을 하는 사람을 만나지 않고는 들을 수 없는 것 같아요."

20년 전으로 돌아가면 해 보고 싶은 게 있을까. 하고 싶지 않은 건 있다.

"가장 솔직히 얘기하면, 아무하고도 사귀지 않을 거예요. 사람의 가장 멋진 모습과 가장 바닥의 모습을 보게 되는 건 중요하지만, 에너지 낭비를 너무 많이 했어요."

흔히 예술을 하려면 사랑을 해 봐야 한다고 하지 않나.

"그러니까 그게 거짓말인 것 같아요. 특히 어렸을 때는 다듬어지지 않은 상태에서 상처를 너무 많이 주고받아요. 돌아간다면 그 시간에 더 읽고 쓸 걸 하고 생각합니다. 고민이 없어야 하는데 세상이 너무 시끄럽잖아요. 불안하고, 힘들고, 화나는 일도 많고, 쉽지 않은데……. 그래서 읽기가 중요해요. 독서가 스트레스 해소에 도움이 많이 되는 편이라."

일에 집중하기 위해 노력하는 부분은 수면이다. 수면에 집착한다. 다음 날 집중력과 직접 연관되기 때문이다. 직장에 다니면서 단편을 주로 발표하던 시기에는 퇴근 뒤 저녁이나 휴가 때 소설을 썼는데, 시간 조절을 잘했다기에는 그러다 결국 쓰러졌기 때문에 좋은 방식은 아니라는 생각이 든다.

"쉴 때는 쉬어야 하는 것 같아요. 그런데 일이 들어오면, 지금 아니면 기회가 없을 수도 있다는 조급함 때문에 무리했어요."

쉬는 시간에는 탐조 활동을 한다.

"새 보는 거 좋아해요. 짧게 쉴 때는 동네에 있지만 길게 쉴 때는 북쪽의 연천, 파주에 가서 철새 관찰을 해요. 돼지열병 때문에 출입이 금지된 구역이 많아, 최근에는 자주 가지 못했는데 역시 다 연결되어 있구나, 생각했어요. 새에 관심을 갖다 보니 주로 환경 관련해 기부를 하고 있어요. 책이 나오거나 특별한 일이 있을 때 하는 기부도 있고 평상시에 하는 기부도 있는데, 좀 더 시간이 나면 맹그로브 숲을 보호하는 일에 참여하고 싶어요. 본격적으로 뭘하려면 적도에 가서 해야 하는데 제가 적도에 살지 않잖아요. 모두가 아마존 열대 우림을 살리고 싶어 하지만 거기 살고 있지 않은 사람들이 어떻게 할 수 있을까 하는 고민을 해요."

다른 일에 대한 호기심도 자연과 관련되어 있다.

"정원 디자이너를 해 볼 수 있으면 좋을 것 같아요. 머릿
속에 있는 정원 구상을 몇 년에 걸쳐 완성해 가는 과정이
멋지더라고요. 다 자란 나무를 가져와서 심을 수도 있지만,
작은 묘목이나 풀을 심었는데 왕성해지면 근사하겠죠. 게
다가 사람들이 점점 초록색을 보고 싶어 하니까요."

소설가의 가장 즐거운 부분과 어려운 부분은 무엇일까.

"세계에 대해서 할 말이 있으면 할 수 있는 게 큰 힘이
고, 말을 했을 때 퍼져 나가기 때문에 조심해야 하는 점이
어려워요. 그게 말하는 일, 쓰는 일의 앞뒷면이죠. 큰 확성
기는 아니지만 교장선생님 것 정도는 되는 것 같아요. 운동
장에 퍼져 버리기 때문에 쓸모없는 말은 하고 싶지 않아요."

문제는 말이든 글이든 듣고 해석하는 사람의 몫이 있다는
것이다.

"그래서 가장 정교하게 깎아 낸 말밖에 할 수 없는데 그

게 맞는 방향인 것 같아요. 급하게 말하면 안 되는 직업이라고 생각합니다."

그렇기 때문에, 절판했던 소설 『지구에서 한아뿐』을 재출간하면서 전면 개정을 거친 이유 중에는 '다시 말하기'도 있었다.

"초반에는 도구가 손에 안 익었던 것 같아요. 이제 와서 보니까 제 문장이라기보다는 흔히 봤던 문장을 그대로 썼구나 싶은 대목들이 눈에 띄었어요. 나의 리듬감이 느껴지지 않는 부분이 많아서. 도구는 아무래도 10년 이상 쓰면 손에 익으니까 개정하면서 꽤 고쳤어요. 뿐만 아니라 그 사이에 주제들에 대해 업데이트된 정보들이 있었어요. 환경에 대한 지식이나 아이디어의 흐름도 계속 바뀌거든요. 어떻게 마무리해야 할지 몰라서 서둘러 끝내거나, 답습하면서 쓴 장면들을 통째로 바꾼 경우도 있어요."

"하품이 옮는 것처럼 강인함도 옮는다. 지지 않는 마음, 꺾이지 않는 마음, 그런 태도가 해바라기의 튼튼한 줄기처럼 옮겨 심겼다."(『피프티 피플』 262면)

"가장 행복한 순간에도 기본적으로 잔잔하게 굴욕적이야. 내 시간, 내 에너지, 내 결정을 아무도 존중해주지 않아. 인생의 소유권이 내가 아닌 다른 사람들에게 넘어간 기분이야."(『옥상에서 만나요』 18면)

"지난 세기 여성들의 마음엔 절벽의 풍경이 하나씩 있었을 거라는 생각을 최근에 더욱 하게 되었다. 십 년 전 세상을 뜬 할머니를 깨워, 날마다의 모멸감을 어떻게 견뎠느냐고 묻고 싶은 마음이었다. 어떻게 가슴이 터져 죽지 않고 웃으면서 일흔아홉까지 살 수 있었느냐고."(『시선으로부터,』 15면)

정세랑의 여자들은 낙원에 살지 않는다. 그들이 존재하는 소설을 읽는 독자가 되는 일은, 낙원을 동경하는 것이 아니라 현실을 버틸 연대자들을 찾는다는 뜻이다. 장점 특화형. 사람들의 매력을 먼저 발견하는 눈을 지녔다는 것은 창작자에게 장점일까 단점일까. 독자들을 연대자의 자리에 당당하게 호출하는 정세랑 작가의 이야기들은, 자주, 살고 싶다고, 살리고 싶다고 속삭인다. 누군가 있다고. 내가 있다고. 당신의 목소리가 여기까지 들린다고.

세상은
변하고

파도를
타야 한다

＊경영인
엄윤미

경영 컨설팅 회사 IBM, 맥킨지 등을 거쳐 글로벌 리더십 컨설팅 회사인 이곤젠더의 서울 사무소 부사장을 역임했으며, 현재는 벤처 기부 펀드 C프로그램 대표로 재직 중이다. 다음 세대를 위한 놀이, 배움에 투자하는 일을 하고 있다.

●

일을 오래 하다 보면 같은 분야든 아니든 구심점처럼 존재하는 사람을 만나게 되곤 한다. 여성과 일에 대한 행사에 갔다가 C프로그램* 엄윤미 대표를 처음 만난 뒤 그가 그런 사람이라는 걸 알았다. "사실 삼십 대였으면 저와 이다혜 작가님이 만났을 가능성이 낮았을 거 같지 않아요? 삼십 대까지만 해도 자기 영역 안에서 교류하는 정도인데, 사십 대가 지나고 나면 어느 분야든 남은 여성들은 만나게 되더라고요." 눈앞의 짐을 치우는 것만으로 힘에 부쳐 멀리 가기는커녕

• C프로그램은 '다음 세대의 건강한 성장'을 목표로 하는 벤처 기부 펀드이다. 김범수 카카오 이사회 의장, 김정주 NXC 대표 이사, 김택진 엔씨소프트 대표, 이재웅 다음(Daum) 창립자, 이해진 전 네이버 이사회 의장 등 벤처 1세대 5인이 설립했다. 투자 대상에 수익을 요구하지 않는 대신 사회적으로 의미 있는 변화를 창출하는 데 목적을 두고 있다.

계속 우물물만 마시고 있다고 생각했는데, 시간이 지나면 어느새 넓은 바다에 나와 있다는 사실을 깨닫곤 한다.

엄윤미 대표가 이끄는 C프로그램은 2014년 설립된 벤처 기부 펀드다. 투자 수익을 요구하지 않으며 사회적으로 유의미한 변화를 만들어 낼 수 있을까? 배려하기보다 이기적이어야 하고, 멀리 보기보다 눈앞의 것을 쫓아 질주해야 잘 산다는 강박으로 뒤덮인 세상에서 다음 세대를 위한 놀이와 배움에 투자한다는 것은 어떤 의미일까. 엄윤미 대표와의 만

청소년을 위한 열린 작업실.
스토리스튜디오 혜화랩의 모습.

남은 C프로그램에서 직접 운영하는 공간 스토리스튜디오
혜화랩에서 이루어졌다. 서울 대학로 공간 사옥에 위치한 스
토리스튜디오 혜화랩은 12~19살 청소년들을 위한 열린 작
업실이다. 방문 예약을 하면 누구나 무료로 이용할 수 있는
이곳에서, 책을 읽고 각종 공작물을 만들 수 있는 다양한 재
료와 책상을 보면서 처음에 한 생각은, 빛이 좋은 커다란 창
문 앞 책상에 대한 어린 시절 동경이었다.

가치를 위해
투자한다는 일

C프로그램 홈페이지의 'project' 코너를 보면 그동안 진행
해 온 여러 프로젝트가 '질문'에서 시작했다는 사실을 알 수
있다. '바닥 놀이 프로젝트'는 "학교 안 빈 공간에 아이들의
놀이 공간이 생긴다면 어떨까?", '서대문 자연사 박물관: 공
룡 발 밑 하룻밤'은 "아이가 있는 가족들에게 한밤의 박물관
은 어떤 공간이 될까?"라는 물음에서 시작되었다. 막연하게
무엇이 있으면 좋겠다는 상상이나 바람에 그치는 대신 궁금
하고 필요한 프로젝트에 협업할 파트너를 적극적으로 찾고
투자하는 회사가 C프로그램이다. 영리 단체의 결정은 돈이
될지 여부인데, 비영리 단체에 투자하는 회사에서는 어떤 의
사 결정 과정을 거칠까?

"투자 기준이 몇 가지 있어요. 하나는 우리가 만들고자
하는 변화에 도움이 되는 실험일까? 단체 대상으로 투자
하기도 하지만 실험 단위로도 투자하거든요. 그리고 일하
는 사람을 많이 봐요. 처음에는 실험 자체에 끌리는 경우
가 많았거든요. 그런데 투자를 계속하다 보니까 모든 실험

에는 계획에 없던 일이 생기는 거예요.(웃음) 그때 어떤 사람이 있느냐에 따라 그 고비를 넘기는 방식이 달라진다는 걸 알게 됐어요. 사람을 본다는 말뜻도 달라졌어요. 예전에는 리더를 많이 봤다면 이제는 팀을 눈여겨봐요. 좋은 팀을 만드는 것이 리더가 해야 하는 중요한 일이니까요. 시간이 지나면서 저희의 생각도 진화해 온 것 같아요. 마지막으로 보는 것은 확산성이 있는가인데요. 당장은 어설퍼도 성장할 수 있는지를 봐요. 확산성이 있으려면 실험을 처음 시작한 사람이 일을 바라보는 태도가 중요하더라고요."

비영리 단체가 하는 사업의 특성상 화려한 성과를 내기보다는 오래 지속될 수 있는, 더 많은 사람들에게 영향을 미칠 수 있는 프로젝트에 지원해야 한다는 생각이다. 프로젝트 역시 일차적으로는 개인이나 팀의 창작이기 때문에 저작권 보호가 필요한데, 더 많은 사람들에게 도움이 되기를 바라는 사람들이 움직이는 프로젝트는 아카이빙을 통해 경험을 적극적으로 나누어, 다음에 다른 사람들이 수월하게 참여하도록 돕는 경우가 많다는 것이다. 첫째, 우리가 만들고자 하는 변화에 도움이 되는 실험인가. 둘째, 중간에 예기치 못한 일이 생겨도 다음 단계로 넘어갈 수 있는 리더와 팀인가. 셋째,

이 일을 더 널리 퍼뜨리고 싶어 하는 마음으로 대하는가.

투자한 결과를 평가할 때의 기준도 필요하다. 일반적으로는 얼마나 이익이 증가했는지 수치화된 자료가 프로젝트의 성공 여부를 판가름한다. 비영리 단체는 무엇으로 평가할까.

"두 가지를 보는데, 우선 기본적으로 나와야 하는 숫자들은 분명히 있어요. 스토리스튜디오 혜화랩 같은 공간을 예로 들면 이렇게 공간을 만들었는데 사흘에 한 명이 와서 30분 있다 가면 안 되잖아요. 처음에 마일스톤(이정표)을 정하고, 분기별로 달성 여부를 확인하죠. 더불어 그 과정에서 보고 싶은 변화의 정체가 무엇인지를 같이 일하는 파트너들과 미리 이야기를 해서 정해요. 그렇게 중간 평가를 하기 때문에 마지막에 놀랄 일은 없어요."

인터뷰를 하면서 알게 된 사실인데, 엄윤미 대표는 핵심적인 가치에 대해서는 비전을 정확하게 언어화하는 습관을 갖고 있었다. 여러 번 이야기하더라도 같은 그림을 그릴 수 있도록. 이 부분은 이후 채용과 관련한 조직의 태도에 대한 이야기를 나눌 때 다시 한번 생각해 볼 만한 지점이었다.

이어서 비영리 단체에 대한 투자라 해도 분야가 다양한 점에 대해 물었다.

"저희는 어린이·청소년을 위한 프로젝트에 집중하고 있어요. 때로는 영리 기업에도 투자를 해요. 기존에 없었던 일일 경우, 관련한 비영리 단체가 없을 때도 많거든요. 그럴 때는 선명한 전문성을 가진 영리 기업 중 이 일에 시간과 전문성을 쓸 의향이 있는 팀들이 좋은 파트너가 돼요. 전문성이 있는 팀들은 시장과 밀접하게 닿아 있어서 필요한 최신 정보를 접목해 주기도 하기 때문에 좋죠. 영리 기업이 추구하는 미션에 어린이나 청소년 관련한 가치나 사업이 포함되지 않은 경우도 많은데요. 그렇지만 저는 재능 기부는 안 받으려고 해요. 전문가 팀들은 시간이 중요한 자원이잖아요. 1년에 진행 가능한 프로젝트 중 하나를 할애할 의향이 있는가에 따라 같이 일할 수 있는지가 정해져요. 수입 배분이나 경비 같은 부분에서는 저희에게 양보해 주시는 경우가 많지만요."

일회성 사업이 아닌 프로젝트 단위로 움직일 때는 부담 비율을 조정하는 정도면 몰라도 제대로 계약을 맺어 비용을 지급하고 진행하는 것이 원칙이다. 엄윤미 대표가 회사에 다니던 때 프로보노*에 지원했던 경험들이 C프로그램의 투자, 협업 원칙을 세우는 데 도움이 됐다.

> "정식 프로젝트일 때 조직이 가용할 수 있는 자원이 커져요. 회사 대표의 선의로 작은 프로젝트처럼 운영될 때와, 정식 프로젝트로 운영될 때 가능한 일의 범위와 드는 공이 달라진다는 이기적인 이유에서 지금의 방식을 택했어요. 제가 전 직장을 다닐 때 프로보노마다 손을 들고 해 봤던 경험에 따른 결정이기도 하죠. 회사 직원들이 프로보노 프로젝트에 자원해서 참여하지만 선의에만 기댈 때 회사에서 자원을 투자하는 데는 한계가 있거든요."

IBM, 맥킨지, 이곤젠더

큰 조직에서 일해 본 경험은, 프로젝트의 가능성을 가늠하거나 단계를 체계적으로 밟는 합리성 등의 측면에서 도움이 된다. 비영리 단체에서 오래 일한 사람이 아니라는 그의 경력이 갖는 장점이 분명히 있어 보였다. 엄윤미 대표는 '비영

* Pro Bono, 공공의 이익을 위한 무료 봉사

리'라는 표현 때문에 가치를 추구한다는 말이 과대 포장이 될까 조심스러워했다. 그가 지금까지 어떤 조직에서 어떻게 일해 왔는지를 들으면서 합리적 계산이 이타성으로 이어질 수도 있다는 사실을 알게 되었다. 엄윤미 대표는 대기업이던 첫 직장에서 1년 만에 퇴사했다.

"신입 사원으로 들어간 대기업에서는 1년만 있다 나가 야지 하는 생각을 빨리한 것 같아요. 제가 기획관리팀의 유일한 대졸 여사원이었거든요. 같이 들어간 대졸 남사원 들의 경우는 윗분들이 이 신입 사원들을 어떻게 대하고 키 워야 할지 바로 아시더라고요. 그런데 제게는 어쩔 줄 몰 라 하시는 게 느껴졌어요. 남자 동기들과 같은 일을 하는 걸로 되어 있지만 실제로는 팀 지원 업무를 하는 분들과 묶여 있었어요. 회의를 하다가도, 너는 언니가 커피를 타 오는데 앉아서 받아 마시냐는 말을 들었거든요. 지금이었 으면 언니가 커피를 타 오는 것 자체가 나쁘다는 걸 알았 을 텐데 그때는 제가 준거할 수 있는 기준이 없었어요. 첫 직장 생활이었으니까요. 막연하게 불편하다는 생각을 했 어요."

답은 회사 밖에 있었다.

"대기업에서는 외부 컨설팅 업체를 많이 쓰거든요. 그런 업체에 또래 여성들이 있었어요. 회사에 방문해서 명함을 건네는, 저보다 3년, 5년 먼저 일한 여성들이 자신감부터 저와 달라 보이는 느낌? 뭔지 정확히 몰랐지만, 내 자리가 명확한 곳에서 일을 하고 싶다는 느낌을 받았어요. 지금은 언어화를 하지만 그땐 막연했죠. 연말쯤 IBM 공채 공고를 보고는 시험을 보고 신입 사원으로 다시 들어갔는데, 좋았어요. 뭐가 좋았냐면…… 무엇을 당연한 것으로 보고 성장하느냐가 중요하잖아요. IBM에는 여성 본부장님들이 많으셨어요, 당연하게. 입사 동기 중에서도 저와 제 여성 동기가 가장 먼저 승진했거든요. 그런 작은 신호들이 당연한 조직에서 주니어 시절을 보낸 게 행운이었다고 생각을 해요. 거기서 4년간 재미있게 일하면서 많이 배웠어요."

엄윤미 대표의 커리어는 꼬리에 꼬리를 무는 식이다. 좋은 경험을 제공하는 쪽으로 이동하며 커리어를 성장시키는, 의지를 행동으로 이어 가는 방법의 교과서적인 사례라고 느꼈다.

"IBM은 외국 회사니까 해외 동료들과 글로벌 프로젝트를 할 기회가 잦았어요. 그런데 해외 동료들은 MBA 출신도 많고 경험도 풍부하더라고요. 그래서 '이것만으로 충분할까, 더 필요하다.'라는 생각을 했어요. 그때 친하게 지내던 동료들과 같이 시험을 봐서 MBA 유학을 갔죠. 같은 시기에 각자의 학교로, 프랑스에 두 명, 런던에 한 명이 있어서 공부하는 동안 만나기도 했어요. IBM에 재미있게 다녔지만 조금 더 나에게 투자하고 싶어서 그때까지 번 돈을 다 쏟아서 프랑스의 경영대학원 인시아드(INSEAD, INStitut Européen d'ADministration des Affaires)에서 공부했어요. 그다음에 바로 맥킨지 컨설팅에 들어갔어요."

맥킨지는 평생직장을 원하는 사람들이 모인 곳이 아니라는 점에서 엄윤미 대표의 다음 스텝에 중요한 역할을 했다.

"파트너 트랙으로 가는 사람들은 소수예요. 컨설팅 회사에서는 직원들이 여기 뼈를 묻을 사람들이 아니라는 사실을 자연스럽게 여겨요. 맥킨지는 이 회사 출신의 동문 네트워크가 굉장히 끈끈한데, 그 이유가 많은 사람들이 맥킨지를 거쳐 다른 자리로 옮기기 때문이에요. 모두가 파트너에 적합한 특성을 가진 사람일 수는 없거든요. 저만 해도 그랬어요. 그러니 다들 계속 커리어를 탐색하고, 한국식으로 팀장이라고 볼 수 있는 EM(Engagement Manager, 프로젝트 관리자)을 달고 나면 시장에서 갈 수 있는 자리가 많다고들 생각해요. 그런 분위기이기 때문에, 대단한 결심으로 맥킨지를 떠났다기보다는, 내가 파트너를 목표로 할 사람은 아닌 것 같으니 좋은 스킬을 배워서 나가야지 하는 정도였죠. 오히려 예상보다 오래 있었던 건 제가 팀장으로 승진하던 해에 임신했기 때문이었어요. 아이를 낳을 때 저를 몇 년간 봐 온 조직의 지원을 받는 건 굉장히 큰 힘이잖아요. 많은 배려를 받았어요."

맥킨지에는 5년 정도 있었다. 원래는 팀장이 되고 나서 바로 나갈 줄 알았는데 오래 다닌 셈이 되었다. 출산 휴가 이후 복직을 해서는 한 해에 80퍼센트만 일을 하겠다고 요청했고, 그것이 받아들여졌다.

"제가 경기도 쪽에서 프로젝트를 하니까 아이를 일주일

내내 못 보게 되더라고요. 그렇게는 지속 가능하지 않아서 한 해의 80프로는 프로젝트를 하되 프로젝트 사이에는 확실히 쉬겠다고 했을 때, 회사의 지원이 없었다면 어린이집 줄도 못 섰겠죠. 하지만 파트너 트랙으로 가려면 고객사를 만들고 신뢰 관계를 쌓아야 하는데 그렇게 할 여력은 안되니, 그때 고민을 제일 많이 했어요. 맥킨지는 어떻게 보면 사관 학교 같은 곳이었으니까 내가 진짜 하고 싶은 키워드를 찾아가야지 생각하고 나왔죠. 그때 떠올린 키워드가 책, 사람, 비영리였어요."

스토리스튜디오 혜화랩이 바로 그 셋이 조합된 결과물로 보였다. "그 셋을 다 이루셨네요."라고 하니 엄윤미 대표가 깜짝 놀랐다.

"이제까지 그렇게 생각해 보지 못했네요. 그 당시 제가 갈 만한 비영리 단체를 찾지 못했거든요. 어떻게 보면 타협을 했어요. 책이나 비영리는 그때까지의 제 경력에서 크게 전환을 해야 했지만 사람에 초점을 맞추니 이곤젠더가 있었죠. 맥킨지 출신이 많은 (웃음) 프로페셔널 펌인 이곤젠더라는 안전한 선택을 한 건데 거기도 재밌는 회사였어요. 이곤젠더는 채용까지 일곱 개 나라의 사무소를 돌아다니면서 서른 번을 인터뷰해요. 서른 번 중 한 명이라도 '노'를 하면 들어갈 수 없는 회사예요. 그 과정에서 오히려 이회사를 잘 알게 해 주죠."

여성 간의 네트워크를 쌓아 가는 법

헤드 헌팅을 하고 임원 평가도 하는 HR 컨설팅 회사인 이곤젠더에 채용되려면 인터뷰를 서른 번 거친다. 그 과정에서 한 명이라도 거부 의사를 밝히면 채용되지 못한다. 채용 절차 자체가 지원자 입장에서는 회사에 대해 충분히 알 수 있는 시간이 된다. 다른 나라 사무실에서 일하는 사람들까지 회사가 원하는 인재상을 구체적으로 공유해야 가능한 채용 방식이라는 점이 흥미로웠다.

"사람을 많이 뽑지는 않지만 한번 들어오면 같이 오래 일하는 문화가 재미있다고 생각했어요. 맥킨지 들어갈 때는 이십 대였다면 이제 삼십 대니까 여러 가지 고민을 하면서 들어갔는데, 들어가 보고 알게 된 것들이 있었죠. 굉장히 좋은 곳이지만, 서울 사무소에서 파트너가 되려면 결국 대기업 고객사를 잡아야 하더라고요."

나라는 사람이 일할 수 있는 시장을 거시적으로 보고 포지셔닝을 하는 일은 어렵다. 좋은 직장을 다니는 것과 장래성이 있는 것은 언제나 일치하지 않는다.

"회사가 좋아 보여서 2013년에 이곤젠더에 들어갔지만 한번이라도 거시적으로 생각했다면 알았겠죠. '10년, 20년 파트너를 하려면, 잠깐, 내가 대기업 고객사를 따내야 하는데?'라는 생각을 제대로 해 보지 않은 거예요.(웃음) 30년 치 커리어 이야기를 매일 다섯 개씩 들으며 회사에 다니는 건 주니어 때까지는 매우 흥미로운 일이에요. 커리어를 보는 시야도 달라졌고요. 내가 10년간 일한 시간이 수많은 사람들의 이력서에서 얼마나 짧은 구간인가를 알게 됐어요. 어떤 산업에 속해 있느냐에 따라 파도를 다르게 탄다는 것도 봤고. 그전까지는 모범생처럼 넓은 시야를 갖지 못하고, 주변 사람들과 즐겁게 지내려는 직장 생활을 했다면, 그때 처음으로 한 발 떨어져서 제 커리어를 볼 수 있었어요. 늦됐죠."

넓은 시야를 갖는다고 문제가 해결되거나 사라지지는 않았지만, 업무를 계기로 오래 일한 여성들을 만나면서 방향 선회는 자연스럽게 이루어졌다.

"이곤젠더에서 했던 일은 나이가 들고도 연륜을 살려 계속하기 좋은 일이었어요. 제가 그곳의 유일한 여자 컨설턴트였기 때문에, 회사에서는 제가 젊은 여성들과 함께 성장하기를 기대했어요. 매력적인 일이죠. 임원이 될 수 있는 여성 리더들과 파트너십을 갖고 커뮤니티를 만들라는 서포트를 회사에서 받았으니까요. 그때 멋있는 여자분들을 많이 만났어요. 그 과정에서 제게 재미있는 대화는 '근데 사실 내가 진짜 하고 싶은 일은……'으로 시작하는 이야기들이었어요. 그런데 제가 이곤젠더의 컨설턴트로서 내놓아야 하는 정답은 제 마음속에 있는 말과 달랐던 거죠. CEO 트랙으로 갈 수 있는 여성들도 물론 멋있었지만, 당시의 저는 '난 내가 하고 싶은 일 할 거야!' 하는 여성들이 참 좋았어요. 그래서 '여성기업가네트워크'라는 걸 만들었던 거예요."

쓰는 근육이 다른 여성 기업가들과 모임을 시작하면서 엄윤미 대표도 영향을 받았다.

"이곤젠더에서는 네트워킹이 일의 일부였고, 처음으로 대외 활동이라는 걸 할 수 있는 직장이기도 했어요. 우연히 알고 지내던 다른 분야의 분들과 함께 만든 여성기업가 네트워크가 굉장히 신선했어요. 저는 뭐든 계획부터 세워야 하는데 여성기업가네트워크는 아무것도 없이 '다음 달에 그냥 하자!' 하고 시작했다는 게 제게는 큰 충격이었어요. 그래도 일이 돌아가더라고요. 장영화 오이씨랩 대표와 문효은 아트벤처스 대표 두 분께 참 많이 배웠죠. 전혀 다른 근육을 쓰는 언니들을 만난 신선함? 그리고 문효은 대표님이 되게 너그러우시거든요. '우리는 무조건 서로를 도와주는 거야.' 하는 철학을 가진 언니가 사회에 존재한다는 걸 알았을 때의 신선함이 좋았어요."

그 덕분에 다니던 회사 바깥의 가능성을 생각할 수 있게 되었다.

"기업마다 문화는 다르지만 대체로 사다리를 올라가는

커리어 외에는 잘 안 보이거든요. 이곤젠더에서 일하다 만난 정말 많은 여성들이 사라지기도 했고요. 그런데 제3의 길을 만드는 사람들을 처음 봤으니까 흥미진진하죠. 맥킨지나 이곤젠더에서 일하다 만난 수많은 똑똑한 여성들이 저녁에 와인을 마시면서 '사실 내가 하고 싶은 일은……'으로 시작하는 대화를 나누고, 다음 날은 또 열심히 일하러 가는 모습이 좋았어요. 제가 이곤젠더에 사표를 낸 이유가 몇 가지 있었는데, 그 여성들이 하고 싶은 일을 해 볼 수 있는 부트 캠프를 만들고 싶다는 게 그중 하나였어요. 저역시 더 나이 들기 전에 하고 싶은 일을 하는 사람들의 운동장에 끼어 보고 싶다는 마음도 있었죠."

모험을 해 보고 나니, 실험에 뛰어드는 사람들만큼이나 한곳에서 뚝심 있게 일하는 사람들에 대한 존경심도 더해졌다.

"생각은 양쪽으로 크게 흔들리면서 발전하는 것 같아요. 경험과 반대 방향으로 호기심이 향하고 존경심도 생기고. C프로그램의 대표로 일하면서 창업가들, 비영리사업 하시는 분들을 만나고 저도 조금 특이한 일을 해 보고 나니 조직 안 커리어 사다리의 정점까지 올라간 여성분들에 대한 존경심이 더 커져요. 그분들께도 새롭고 재밌는 일을 하자는 제안이 많았을 텐데 묵묵히 끝까지 한 그분들의 존재가 주는 희망이 있어요."

사람을 채용하는
기준에 대하여

엄윤미 대표는 한국의 대기업부터 여러 나라에 지사를 둔 외국계 컨설팅 회사까지, 여러 채용 절차를 지원자로 경험해봤고, 기업의 인재 채용이나 임원급 인사 평가와 관련된 일을 하기도 했다. C프로그램에서 함께 일할 직원을 채용하고, 프로젝트마다 새로운 팀에 대한 투자 여부를 정하기도 한다. 신뢰를 주는 말과 행동에 대한 엄윤미 대표의 생각이 궁금했다.

"모든 회사에서 잘하는 인재란 없어요. 그래서 우리 회사가 뽑으려는 인재 기준이 무엇인지가 아주 중요해요. 맥킨지나 이곤젠더는 인재상이 명확한 회사였기 때문에 그런 방식의 면접을 볼 수 있었겠죠. 회사에 따라 명확함에 정도의 차이가 있어 보여요. 회사의 인재상이 선명한가와 별개로 면접에 참여하는 인터뷰어가 인재상에 대해 얼마나 확고하게 알고 있는가의 문제도 있죠. 인재상을 모두가 명확히 알고 있고 그 기준으로 사람을 뽑으려는 회사에서 제가 채용을 당해 보기도 하고 해 보기도 한 건 굉장히 좋은 경험이었고, 특히 후자의 경험이 크다고 생각해요. 기준에 모두 부합하는 사람이라 해도 그가 가진 고유의 에너지를 무시할 수 없어요. 굳이 면접을 보는 이유이기도 하고. 맥킨지에서는, 프로젝트 하는 세 달 동안 매일 16시간씩 함께 일하고 밥 세끼를 같이 먹을 텐데 그럴 수 있는 사람인지 묻기도 해요. 질문은 다양하지만 결국 같은 뜻을 담고 있죠. 그래서 면접을 볼 때 중요한 것은 나 자신을 보여주는 거예요. 너무 뻔한 얘기잖아요. 그런데 실제로 제일 위험한 사람이 공식대로 준비를 해 온 지원자거든요. A를 물었는데 준비해 온 B를 대답하려고 할 때, 나와 대화를 하는 게 아니라 학원에서 준비시킨 대답을 하고 있을 때는 그 사람을 알아볼 수 있는 방법이 없으니까 아깝죠. 안 맞는 사람이라면 회사에 들어와서도 즐거울 수 없잖아요."

함께 일하기 좋은 사람이라는 가치와, 일을 잘하는 능력을 고루 갖춘 사람이 없는 듯 말하는 경우도 많지만, '함께' 하기

좋다는 뜻은 결국 일을 잘한다는 뜻에 포함된다.

"협업을 잘하는 것도 일을 잘하는 것의 일부니까요. 일
잘하는 사람은 같이 지내기도 좋고, 의견 충돌도 잘 풀어
갈 수 있는 사람이기 때문에 좋죠."

리더가 될 만한 사람들의 공통점이 있는지도 궁금했다. 충
분한 역량을 가진 듯 보이는 사람들이 신중을 기하느라고
머뭇거릴 때, 어떤 자질을 살피면 좋을까.

"팀을 꾸리고 싶어서 팀을 꾸리는 게 아니라 하고 싶은 일이 있어서 팀을 꾸리잖아요. 하고 싶은 일이 있고, 그 일이 어떤 모습, 어떤 기준, 어떤 철학으로 펼쳐질지에 영향력을 행사하고 싶다는 마음이 강한 사람들이 조직의 대표가 되는 것 같아요. 그게 대표의 힘든 점들을 상쇄하는 큰 특징이 아닐까요? 내가 최종 의사 결정을 내릴 수 있다. 물론 시장에서 자본을 얻어 내는 것도 대표의 일이기 때문에 마음먹은 것이 100프로 내 마음대로 된다는 것도 허상이겠지만, 그 기준선을 세울 수 있는 사람이 나라는 것이 주는 만족감이 있죠. 따라가면서 욕하는 건 쉽죠. 의사 결정을 하고, 최전선에서 그걸 관철하는 일이 어려워요."

C프로그램을 시작하고 가장 잘한 일을 물었더니 바로 답이 나왔다.

"지금 같이 일하는 사람들을 뽑은 것. 운이 좋았어요. 입사하는 사람들은 대표도 보지만 동료가 될 사람들도 보잖아요. 들어온 다음에 서로 힘을 주고받으며 일할 수 있는지도 중요하고. 창가에 앉아 계시는 분이 제가 처음 뽑은 프로젝트 매니저인데 저분을 뽑은 제가 운이 좋았죠."

미래에 투자하는 일의
즐거움

엄윤미 대표는 "운이 좋았죠."라는 말을 자주 했다. 그에게 있어 운이라는 말은 실리와 이상을 둘 다 잡을 수 있도록 노력한다는 뜻처럼 보인다. "누구의 눈에는 실리적이고 누구의 눈에는 낭만적으로 보일 것 같아요." 의사 결정을 할 때 저울에는 정량적으로 평가 가능한 것 외에도 당연히 정성적인 가치가 함께 올라간다.

"가치만 따질 만큼 훌륭한 사람은 아니지만 같이 올려보고 괜찮겠다 싶으면 결정해요. 그런 결과가 나쁘지 않다는 경험치가 있기 때문에 가능한 일이었겠죠. 중산층에서 자랐고, 유학 갈 때 살던 집 전세금을 빼는 걸 뭐라고 하지 않는 환경이었어요. 이십 대의 나에게 투자할 수 있었던 상황도 운이 좋았고요. 그런 호의적인 환경 안에서 자란 덕분에 결정을 할 때 낙관적으로, 내가 원하는 대로 선택했다는 생각이 들어요. 당연한 일이 아니라는 걸 아니까

가까운 사람들에게 감사하죠. 동시에 한국 사회에서 개인에게 요구하는 '패키지' 같은 것이 있다는 걸 이십 대에 자각한 게 정말 큰 경험이었거든요. 유학을 가기로 하고 바로 결혼을 했는데, 시가가 유학을 가게 해 주는 게 대단하다는 식으로 말하는 사람들이 있었어요. 내가 그런 말을 듣는 게 나 때문이 아니라 한국 사회 때문이라는 걸 자각했다는 것이 컸어요. 한국에서는 이렇게 말하지만 다른 나라도 똑같은 건 아니라는."

리더십이 어때야 하는지도 굳이 남성들을 롤 모델로 할 필요가 없었다.

"C프로그램을 6년 동안 하면서 좋은 프로젝트를 많이 했고 스토리스튜디오 같은 공간을 만든 것도 뿌듯하지만, 제일 좋은 게 뭐냐고 하면 우리 팀을 뽑고, 함께 일하며 성장한 거라는 생각이 이제는 들거든요. 어렸을 때는 리더라고 하면 을지문덕이나 강감찬 장군 같은 사람을 떠올리잖아요. 강인하고 호령하는 리더십만 봐 왔기 때문에, 나이 지긋한 남성 CEO만 봐 왔기 때문에, 진짜 리더십이 뭔지, 얼마나 다양한 모습일 수 있는지를 알기 전에 여성들이 CEO 트랙으로 가는 길을 일찌감치 차단하는 게 안타까워요. 어느 순간부터 성공한 리더들의 인터뷰를 보면 새벽 4시에 일어나서 조간신문을 읽고 등산을 다녀오고 6시면 출근한다는 이야기를 많이 접해요. 누군가가 나를 돌봐 주고 있고 나는 그들을 돌볼 필요가 없는 사람만이 할 수 있는 루틴을, 성공한 CEO는 이래야 한다는 것처럼 말해 버리는 건 이상한 일이죠. 사람들이 다양하게 사는 여성들을 보면 좋겠다고 생각해요. 꿈의 범위가 달라지니까요. 제가 이곤젠더에 있으면서 제일 좋았던 순간은 어느 제약 회사가 모든 사업부의 사업부장을 여자로 뽑았을 때였어요. 일어나기 힘든 일이었거든요. 제약 회사에서 여성들은 주로 마케팅 쪽에서 일했는데, 영업부 수장인 사업부장을 모두 여성들이 맡은 거예요. 그 제약 회사 실적 좋았거든요. 그 경우를 보지 못했다면 저는 그럴 수도 있다는 걸 몰랐을 거잖아요? 그래서 '그럴 수 있다!' 그런 이야기가 더 많아지고 다양해지면 좋겠다고 생각해요."

미래를 예측하기가 어려운 세상에서, 엄윤미 대표는 딸이 성인이 될 때까지 주고 싶은 게 무엇인지 목표를 적어 본 적이 있다. 스토리스튜디오를 운영하는 원칙도 그 목표와 맞닿아 있다.

"제 아이가 올해 5학년이 됐는데, 번뇌가 많이 생겼어요. 아이가 성인이 될 때까지 무엇을 주고 싶은지 적어 보지 않으면, 온갖 목소리에 흔들리게 되더라고요. 첫 번째는 건강한 몸과 마음이었고, 두 번째는 기본기였어요. 텍스트를 읽고, 해석하고, 자기 의견을 쓰고 말하는 것. 하고 싶은 게 생겼을 때 기본기가 없으면 안 되니까요. 좋은 사람들을 알아보고 잘 지낼 수 있는 능력도 필요해요. 그렇게 생각하고 나서는, 의사 결정을 할 때 그 원칙들을 떠올려요. 여전히 번뇌하지만요. 스토리스튜디오는 청소년들이 나의 이야기를 할 수 있는 힘을 키우도록 돕는 곳이거든요. 청소년들이 다양한 친구들과 어른들을 만나려면, 먼저 좋은 사람들을 만나 봐야 좋은 사람들을 알아볼 수 있으니까 그 기회를 제공하고 싶어요."

세상은 변하고, 파도를 타야 한다. 당장 정답을 내놓는 게 아니라, 세상이 어떻게 변화하는지에 레이더를 켜고 있기 위해 노력한다. 엄윤미 대표는 그래서 더 듣는 사람이 되려고 한다. 성장하는 시기를 보내는 이들에게 기회를 만들어 주는

일을 해 온 사람의 단단함이라고 생각했다.

"지금은 장기적인 목표는 모르겠어요. 다만 해가 갈수록 감각적인 면이 떨어지는 게 느껴져요. 조용히 있어야 할 때 조용히 있을 수 있는 사람이 되어야겠다고 생각하죠. 저보다 젊은 사람들과 일을 하며 살아가기 위해서 제가 줄 게 있는 사람이 되려면 사십 대를 열심히 살아야 할 텐데, 그러려면 들어야 할 때 잘 들어야 해요. 나이와 함께 쌓을 수 있는 걸 찾아가고 싶어요."

심드렁하게 계속하기

*고인류학자
이상희

서울대학교 고고미술사학과를 졸업한 뒤 미국 미시간대학교 인류학과에서 석사 및 박사 학위를 마쳤다. 현재 미국 캘리포니아 대학교 리버사이드 캠퍼스의 인류학과 교수로 재직 중이다. 쓴 책으로 『인류의 기원』(공저), 『이상희 선생님이 들려주는 인류 이야기』 등이 있다.

●

원하는 방향을 분명히 알아서 더디거나 때로 멈춰도 한 방향으로 가는 사람이 있는가 하면, 원치 않는 방향을 분명히 알아서 목적지를 한눈에 알아보기 어렵게 그려 가며 사는 사람도 있다. 이상희 교수는 후자에 가까워 보인다. 미국 캘리포니아 대학교 리버사이드 캠퍼스의 인류학과 교수로 재직 중인 이상희 교수가 『과학동아』 윤신영 편집장과 함께 쓴 『인류의 기원』(사이언스북스 2015)에 실린 저자 소개에는, "우리나라에 고인류학에 대한 이해가 거의 없을 때 과감하게 해외로 나가 한국인 최초의 고인류학 박사가 되었습니다."라는 문장이 있다. 어떻게 한국에서 알려지지 않은 학문을 더 깊이 연구하기 위해 유학을 결심했을까. 그 이야기를 꺼내기 위해서는 음대를 지망하던 고등학교 시절로 거슬러 올라가야 했다.

이상희 교수는 질문에 답하기 전에 잠시 침묵하곤 했다. "제가 뭘 일단 하면 잘하거든요."라는 자랑도, "저는 잘 모르겠어요."라는 솔직한 인정도, '잠시 멈춤' 이후에 이어졌다.

> "우리가 아무것도 아니라는 게 이상한 위안을 줘요. 멸종과 새로운 종의 탄생이 진화의 원동력이니까. 인간의 멸종도 당연한 과정이리라고 보거든요. 인간이 오래 존재해 왔다고 생각하지만 지구의 관점에서는 그렇지만도 않아요. 최소한 갈 때는 깨끗하게 가야 하지 않을까. 지구를 살려 내야 하는 책임이 지금 자라나는 어린이들에게 있다고 생각한다면 너무 나쁘고 무책임해요."

인류학은 어떤 학문인가를 듣고 싶어 시작한 인터뷰는 유색 인종으로 미국 사회에서 종신 교수로 자리를 잡기까지 여러 나라와 지역을 떠돌며 공부를 업으로 삼고 마침내 정착한다는 일의 의미로 확장됐다.

비대면이 아니라
팬데믹입니다

코로나19 이후 가장 큰 변화를 겪었고 미래에 중요한 영향을 미치리라 예상되는 곳 중 하나는 교육 현장이다. 2020년 7월부터 연구년으로 1년간 서울대 아시아연구소에 와 있는 이상희 교수에게 대면 학습이 사실상 불가능해진 미국에서 어떻게 수업을 진행했는지부터 물었다.

"지금은 비대면 학습을 경험하는 게 아니라 팬데믹을 겪고 있기 때문에 말하기 조심스러워요. 저는 작년에 온라인 수업을 해 보기로 결정하고 관련한 예산을 받았는데요. 이렇게 될 줄 전혀 몰랐죠. 영상에 익숙해지려고 유튜브 채널을 개설해서 촬영에 적응하려고 노력하다가 동영상 강의를 올해 1월부터 시작했어요. 본격적인 코로나19 유행이 번진 것은 2월 중순이고요. 제가 생각했던 비대면 교육의 잠재력은, 학생들이 캠퍼스에서 자유롭게 대면 학습을 하면서 수업 중 일부를 비대면으로 할 때 극대화된다는 것이었어요. 캠퍼스가 갖춘 IT 기반을 바탕으로 기숙사나 도서관에서도 아무 걱정 없이 수업할 수 있다는 구상이었죠.

그런데 지금 학생들은 작은 방 책상 앞에 앉아서 수업을 받아요. 한국은 정말 준수한 거예요. 미국은 3월 13일부터 이동 제한 조치가 시작됐는데, 7월 중순까지 4개월간 제 하루 평균 걸음 수가 100보가 안 돼요."

비대면 학습에 기대를 걸었던 것은 소심하고 내성적이고 나서는 걸 두려워하는 자신 같은 학생들에게 도움이 될지도 모른다는 이유에서였다. 판을 깔아 주면 잘 해내는 학생들도 있지만 그렇지 않은 학생들이 있으니까.

"제 학창 시절을 떠올리면, 선생님이 친한 척하는 것이 제게는 배제였어요. 선생님은 학생들에게 편안하고 친근한 존재로 다가가고 싶어서 그랬겠지만 대여섯 명과만 친해 보이고, 그 모습을 보는 저는 그 안에 없음이 상기되는 거예요. 그런 의도치 않은 배제가 비대면 수업을 통해 해소될 수 있다고 생각했어요. 우리 학교 학생들은 캘리포니아 주립 대학교들 중에서도 소득 수준이 가장 낮은 가정 형편이고 정부의 도움을 받는 비율이 높아요. 학교를 다니면서 생업을 겸해야 하는 학생들이 많아요. 제가 박사를 한 미시간 대학에서는 오전 수업 중에 학생들이 졸고 있으면 전날 파티를 해서거든요. 지금 우리 학교 학생들은 밤 샘 일을 해서 좋아요. 그러니 비대면 강의는 학생들이 자 기 스케줄에 맞춰서 강의에 접근할 수 있다는 측면에서도 장점이 있으리라고 봤죠."

이상희 교수는 강의 동영상을 먼저 올리고, 그 영상에 대 한 수업을 라이브로 다시 진행하는 시간을 가졌다. 비대면 시험에서 커닝을 하면 어떻게 하느냐는 우려에 대응하는 그 만의 방법도 있었다.

"시험이 너무너무 중요해야 커닝을 하잖아요. 그래서 중요하지 않은 시험을 많이 보면 어떨까 했어요. 개인 프 로젝트도 제출하게 하고. 그렇게 계획을 세웠는데 코로나 19가 심각해지니까 학생들이 비대면이 아니라 팬데믹을 상대하게 된 거죠. 학생들은 수업을 몰아서 듣잖아요. 그 러니까 책상 앞에 하루 6~7시간을 붙어 있게 되더라고요. 제 수업 듣는 학생들에게는 45분 강의하고 끊고 요가를 시 킨 뒤 이어서 수업했어요. 우리는 몸을 공부하는 사람들인 데 몸이 힘들면 집중이 안 된다고 했죠. 학생들이 굉장히 좋았다고 하더라고요. 이번 경험을 통해 비대면 교육이라는 미래를 보고 싶었는데, 그럴 수 없게 됐죠."

고인류학 이전에 고고미술사,
그 이전에 피아노

이상희 교수는 한국에서 학사, 미국에서 석·박사, 일본에서 박사후연구원 과정을 거쳤다. 원래는 피아노로 대학에 진학할 준비를 하고 있었다.

> "원래는 음대에 가려고 했어요. 열심히는 했지만 어느 날 슬럼프가 왔는데, 하필 학력고사 무렵이었어요. 피아노를 정말 그만두고 싶던 참에, 마침 시험 성적이 잘 나왔어요."

피아노를 하지 않는 게 먼저, 고고미술사는 그다음이었다.

> "대학에 들어가서 좀 불행했어요. 최근까지 그게 제 불행의 근원이라고 생각했죠. 저는 뭐든 하면 잘했거든요.(웃음) 성적은 항상 좋았는데, 한국의 고고학계는 엄청나게 '마초'스러운 거예요. 대학 다니면서 적성에 맞지 않는다고 생각한 건, 돌이켜 보면 초청받지 않았다는 느낌 때문이었

더라고요. 함께하자는 느낌을 받아 본 적이 없었어요. 내 문제인 줄 알았는데, 내 문제가 아니었어요. '역시 여자라서……'라는 소리 안 들으려고 더 노력해 봐도 아무도 인정해 주지 않더라고요. 줄곧 불행했죠."

그럼에도 왜 유학까지 가서 공부를 계속하려고 했을까. 그것도 고인류학 분야로.

"대학 갈 때는 피아노를 하지 않는 게 목표였다면 대학원에 갈 때는 집을 떠나는 게 목표가 됐어요. 30년 전에는 여자가 결혼도 하지 않고 집을 떠나는 건 있을 수 없는 일이었어요. 하지만 집을 떠나기 위해 남자에게 의지하고 싶지는 않았어요. 집에 유학을 보내 달라고 손 내밀 자신감도 없었고. 그러다 한국고등교육재단 장학생으로 선발돼서 5년 동안 전액 장학금을 받고 유학을 가게 됐어요. 그런데 고고미술학은 하기 싫었고, 교수님이 아직 하는 사람이 없다며 고인류학을 권하셨죠."

하지만 하는 사람이 없는 데는 이유가 있는 법이다. 없던 자리가 쉽게 생길 리는 만무하다. 공부를 업으로 삼게 되는

사람들이 드물지 않게 걸려드는 함정(교수의 말을 신뢰하고
말았다)에 빠졌다.

> "제가 유학을 떠날 때 고인류학을 추천하신 교수님은 이
> 분야가 굉장히 중요하니까 공부를 마치고 돌아오면 학교
> 에 자리가 생길 것처럼 말씀하셨지만 아니었어요. 졸업하
> 고 나서, 한국에서 자리를 잡을 수 있을지 주변에 물어봤
> 어요. 그랬더니 무조건 돌아와서 얼굴을 들이밀고 버티라
> 는 거예요. 저는 그 방법은 아니라고 판단했고요. 부모님이
> 돌아가시기 전에는 당연히 언젠가 한국에 돌아와야지 했
> 는데요. 두 분이 10년 전에 돌아가셨거든요. 그제야 한국
> 에 돌아올 마음을 접었어요."

어떤 사람들은 처음부터 두각을 나타낸다. 하지만 시작부
터 재능이 있나, 이 길이 맞나 하는 생각에 매이기보다 고민
을 그만두고 심드렁하게 계속하는 것이 그가 지금까지 포기
하지 않을 수 있었던 비결이었다.

> "몇 년 전까지만 하더라도 학자 기질이 아닌데 길을 잘
> 못 들어왔다는 생각에 괴로웠어요. 그런데 내 관념 속 학

자는 엉덩이 붙이고 앉아서 한 우물만 파는 조선 시대식이더라고요. 그 틀에 나를 끼워 넣지 않기로 결심하니까, 이거 좋아, 할 만해, 싶더라고요. 물론, 지루한 일 80퍼센트죠. 그럼에도 오래하는 비밀은, 심드렁함이에요. 좋아하는 일, 재미있는 일을 하라고 그러잖아요. 저는 그것에는 반대해요. 좋아하고 재미있는 일은 누구든지 잘할 수 있어요. 그보다는 하기 싫은 일도 심드렁하게 해낼 줄 아는 사람이 오래가고 생산적인 일을 하더라고요. 생산적인 일을 하는 게 삶의 목표는 아니겠지만."

장학금은 끝나도
공부는 끝나지 않았다

유학을 가서 보니 고인류학을 공부하기 위해서는 과학을 새롭게, 더 배워야 했다.

"고인류학은 생물학이니까 과학인 거예요. 저는 인문대학 출신이고 피아노 하던 사람이었으니까, 정말 고생을 많이 했어요. 불행해서 울면서 학교에 다녔어요. 그런데 또 성적이 좋은 거예요.(웃음)"

성적이 좋다 해도 장학금을 받은 5년으로는 한계가 있었다. 석사 2년 차에 한국에 왔을 때는 왜 왔느냐는 말을 들었다.

"90년에 떠났는데 92년에 처음 집에 왔더니 아버지께서 한석봉 이야기를 꺼내시더라고요. 공부 끝날 때까지 오지 말라고. 흘려들었어야 하는데 저도 오기가 있어서 안 오다 가 5년 만에 김포공항으로 입국해서 주저앉아 울었어요. 그사이에 부모님이 너무 늙어 버렸어요. 그렇게 우여곡절 끝에 졸업을 했죠."

박사 학위를 따기까지 걸린 시간은 총 10년. 장학금으로 버틴 뒤 나머지 5년은 학비를 어떻게 마련했을까.

"학교에서 강의 조교를 맡았고, 돈이 부족하니까 휴학 하고 학계가 아닌 일을 찾아다니기도 했어요. 타자도 소질 있다는 말을 듣고 성적도 좋아서 비서직을 알아봤는데, 제 자격이 너무 과하더라고요. 결국 한국 식당에서 일을 해서 학비를 모았어요. 피아노 레슨도 했고, 미시간 대학에는 운 동 장학생들이 학점을 유지해 졸업할 수 있게 재학생들이 공부를 가르치는 제도가 있어서 그런 수업도 했어요. 그렇게 하고도 결국은 빚을 졌죠. 제가 일본으로 박사후연구원을 갈 때 책을 다 팔아서 짐 가방이 두 개였거든요. 현금을 만들어서 하여튼 살아야 하니까."

학자금 대출로 얻은 빚이 아니었다. 새 신용 카드를 만들면 한시적으로 무이자로 돈을 쓸 수 있었고, 그렇게 6개월에 한 번씩 새로 카드를 만들면서 버텼다. 하도 어려워서 전공 책을 팔아서라도 돈을 마련하려고 책 목록을 만들어 대학원에 이메일로 돌렸다가 그 이야기가 교수의 귀에 들어갔다.

"교수님이 저를 불렀어요. 논문 써야 하는 애가 책을 파니까. 논문도 진도가 안 나가서 정체기였을 때죠. 제 얘기를 듣더니 당장 자기 집으로 들어오라고 했어요. 먹여 주고 재워 줄 테니 빨리 논문 쓰고 졸업하라고. 그때 마침 교수님 아이들이 피아노 레슨을 받을 때였어요. 피아노 선생님은 따로 있으니까, 연습하는 것만 봐 달라고 하셨죠. 그래서 교수님 집에서 100일 있었어요. 지금 생각하면 저는 학생에게 그렇게 못 할 거 같아요. 자기 가족과 함께 지내는 건데. 너무너무 감사하죠."

공부를 잘하는 것만으로는 10년에 이르는 유학 생활을 걱정 없이 마무리할 수도, 교수가 될 수도 없다. 이렇게 어렵게 공부했다는 사실을 부모님은 나중에서야 알았다.

"나중에 엄마가 이 얘기를 듣고 너무 마음 아파하셨어요. 게다가 그렇게 열심히 했는데 한국에 자리가 없었던 거죠. 그때 집에서 지내게 해 주신 교수님을 지금도 부모님처럼 생각하고 한 달에 한 번씩 연락드리고 있어요."

인류학을 공부한 뒤의 진로

"내가 어디서 왔는지에 대한 질문은 나이가 들어 가면서 더 본격적으로 하잖아요. 학교 외부에서 하는 제 강연에 오시는 분들은 연세가 높은 편이고 유튜브 채널의 구독자들도 연령대가 낮지 않아요. 만약 인류학, 고인류학 분야에 관심을 둔 청소년이 있다면 자연과학과 통계학을 꼭 공부하라고 말해 주고 싶어요. 놓쳐서는 안 되는 거예요. 자연과학과 통계학은 젊은 두뇌에게 유리한 일이라고 봐요. 거기에 더해 의심의 끈을 놓지 않는 게 가장 중요해요. 내가 알고 있는 사실이 틀릴 수 있음을 깨달아야죠. 저 사람은 진심으로 말하지만 틀릴 수도 있다는 의심. 팩트 체크를 해서 맞았더라도, 그것만 맞을 수도 있다는 끊임없는 의심. 따라서 내가 지금 갖고 있는 생각과도 언제든 이별할 수 있는 심드렁함이 필요해요."

학사 과정 이후에 공부를 계속하는 사람들이 교수가 되지 못하면 낙오자처럼 보는 분위기도 바뀌어야 한다고 생각한다.

"마치 교수가 되는 것만이 대학원에 가는 이유라고 생각하는 경향이 있어요. 교수 외에는 낙오자 취급을 해요. 학생들도 그렇게 생각하고. 학계가 바뀌어야 하는 거죠. 앞으로 대학이 어떻게 될지 모르는데, 학생들에게 실패의 프레임을 만들어 강요하면 안 되거든요. 갈 수 있는 길을 다양하게 만들고 도와야 하는데 교수들조차 어떻게 도울지를 몰라요."

이상희 교수는 고인류학이 아주 큰 변화를 겪을 가능성까지 염두에 두고 있다.

"아주 솔직하게는 제 세대에서 인류학이 끝나지 않을까 예상해요. 역사에 대한 인간의 관심은 계속될 테니 '인류학'이라는 학문이 끝나지는 않겠지만, '인류학'이라는 학제가 유지될지는 또 다른 문제니까요. 주류 학계라는 게 유지되고 학자로 인증받은 사람들에게 발화권이 돌아가고 대학 교수라는 자리가 주어지는 환경이 무너지지 않을까 싶어요. 무너지면 새로운 게 생기겠죠. 고인류학만 해도 이제는 뼈가 중심이 아니에요. 유전학 쪽으로 그 중심이 넘어가고 있거든요. 물론 새로운 중심이 옳지 않다면 옳지 않다고 비판해야겠죠. 하지만 심드렁하게 보자면 연구의 중심, 적어도 자본주의에서 연구비의 중심은 유전학으로 넘어가고 있어요. 자연대나 공대에서의 생물학은 인문·역사학과는 궤가 다르기 때문에 고인류학의 학풍이 제가 훈련받던 때와는 다른 모습이라고 생각해요. 그래도 제가 할 수 있는 일은, 다양한 목소리를 내는 것. 여태까지 나온 이야기에서 함께 다루지 않았던 관점들을 아울러 새로운 관점을 만들어 내는 것. 그게 제가 할 일이죠."

인류학을 전공하며 학교 바깥에서 취업하는 사례가 어떤 것이 있는지 물었다.

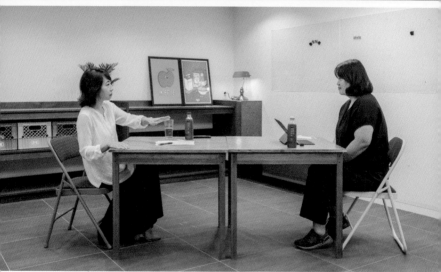

"인류학을 하면서 통계학을 반드시 함께 공부하라고 하는 이유가 있어요. 생물인류학을 전공하면 통계 회사에 들어가서 데이터 분석하는 진로를 택할 수 있거든요. 발굴을 전문으로 하는 경우 역시 꼭 학교에 속해 있을 필요는 없어요. 고고학계 발굴에는 두 종류가 있어요. 학계에서 하는 학술 발굴과 발굴 회사에서 하는 구제 발굴로 나뉘죠. 건물을 짓거나 개발을 위해 땅을 밀면 거기서 뭐가 나올 때가 있잖아요. 그런 때 진행되는 발굴 사업을 통칭해 구제 발굴이라고 해요. 구제 발굴을 전문으로 하는 곳이 있어요. 의대에서 해부학은 선호하는 사람이 적기 때문에 해부학 교실에 인류학과 출신이 가기도 해요.(웃음) 미국은 해부학도 점점 비대면으로 하고 있거든요. 장단점이 있겠죠. 아무래도 실습을 하면 한 명의 사체만 보거든요. 그 한 명이 너무 큰 인상을 주는 거예요. 인간은 그렇게만 생긴 게 아닌데. 비대면으로 수업하면 여러 경우를 접하기가 비교적 수월하겠죠. 하지만 실습을 거치지 않고도 충분할지는 잘 모르겠고."

공부를 마치는 데도, 종신 교수로 자리를 잡는 데도 긴 시간이 걸렸다. 이상희 교수 자신은 다른 분야로 옮겨 취업할 생각을 한 적은 없었을까.

"항상 알아보고는 있었는데, 기회가 없었어요. 일본으로 가서 박사후연구원을 하고 미국에서도 미시간과 캘리포니아를 오간 이유는 그 길이 유일했기 때문이었어요. 그것밖에 없었어요. 일본에 갔을 때가 이메일 사용 초기라 아직 서류를 이메일로 접수하면 무례하다는 인식이 있어서 우편으로 접수했거든요. 수십 통을 제출했는데 다 안 됐어요. 일본에 자리 난 걸 보고 짐 가방 두 개 들고 바로 갔죠. 거기가 좋아서 계속 있고 싶었지만 또 방법이 없었고요. 펜실베이니아에 1년짜리 자리가 나서 다시 미국으로 옮겼어요. 그러다 캘리포니아의 리버사이드에 마침내 바라던 자리가 났죠."

한국계 미국인 여성으로
살아가기

외국에서 적응을 잘하는 사람들이 따로 있을까. 외향적이면 더 쉬울지도 모른다는 생각이 들지만 단순히 그런 문제는 아닐 것 같았다.

"조심스럽기는 한데, 여자들이 적응을 잘해요. 상황 파악을 잘하는 게 타고난 성별의 문제는 아니라고 봐요. 제 생각에는, 사회화 과정에서 눈치를 보면서 성장했기 때문일 수도 있겠다는 말이죠."

2001년, 캘리포니아 대학교 리버사이드 캠퍼스 인류학과에서 조교수로 일을 시작하기 위해 펜실베이니아를 떠나야 했을 때, 그는 차를 몰고 갔다. 열 개 주를 거쳐 5,500킬로미터 떨어진 캘리포니아까지 보름 남짓 이동했으니 하루 평균 350킬로미터 넘게 움직인 셈이다. 목적지에 도착하고 얼마 지나지 않아서 9.11 테러가 일어났다. 『인류의 기원』 서문에 "이제 미국은 더 이상 낯선 외국인이 허름한 밴을 몰고 시골 동네를 어슬렁거리며 지나가도록 두고 보지 않는 세상이 되어 버렸습니다."(11면)라고 회고한 시기에 돌입한 것이다. 같은 글에 담긴 "소수 민족 여자이기 때문에 교수 자리를 거저 얻었다는 소리를 듣지 않으려고 앞만 보고 달렸습니다. 자리를 잡을 때 덕을 봤을 수는 있겠지만 자리를 지키는 것은 순전히 실력으로 하리라 다짐했습니다."(11~12면)라는 말에 대

해 질문했더니, 그는 그 여행 이야기를 다시 꺼냈다.

"저는 제가 늘 제 노력으로 성과든 자리든 얻었다고 생각해 왔어요. 캘리포니아까지 대륙 횡단을 할 때 세웠던 원칙이 두 개 있었는데요. 하루에 800킬로미터 이상 운전하지 않는다, 그리고 만날 수 있는 사람은 다 보자. 여정 중에 그렇게 찾아간 사람 중 하나가 같이 공부한 백인 남자였어요. 그 부부와 식사를 하는데, 아내 되는 분이 이런 말을 했어요. 상희는 좋겠다, 우리 남편은 백인 남자라 너무 힘들어. 그 사람은 박사후연구원이었고 저는 교수로 캘리포니아에 가는 길이었으니까요. 저를 비난하는 말이 아니라 남편을 격려하는 말이었지만, 그 말이 제 마음에 각인되어 쪼그라들고, 의식되고, 오기가 생기고, 심경이 너무 복잡했어요. 캘리포니아에 도착해서도 그 이야기가 머릿속을 떠나지를 않는 거죠.”

다양성을 이루려면 실천이 중요하다. 이주자에 대해 개방적인 미국이라고 해도, 소수 민족 출신으로 자리를 잡으려면 필요 이상의 능력을 입증하는 과정을 거듭 거치게 된다.

“다양성은 ‘립 서비스’라고들 하죠. 다양성이 누구에게 도움이 되는가를 다룬 논문에서 백인들에게 도움이 된다는 분석을 봤어요. 다양한 환경에서 다양한 소수자들은 기득권층에게 풍부한 경험을 하게 해 주지만 정작 소수자들이 그만큼 얻는 것이 있느냐고 물으면 긍정적으로 답하기 어려울 때가 많아요. 그래서 선의로, 때로는 악의로 기존 시스템에서 튕겨 나갈 수밖에 없는 사람들을 위한 정책을 펼 때는 ‘왜 이렇게까지 해야 해.’라는 말이 나올 정도로 하지 않는 한 '립 서비스'에 그칠 뿐이에요. '보여 주기'인 거죠. 제가 보직 교수를 맡고 나서 저는 더 다양한 사람들이 보직 교수를 해야 한다고 믿게 되었어요."

그가 그렇게 생각하게 된 이유는 결정권을 가져야, 설계 단계부터 결과의 다양성을 담보할 수 있어서다. 잣대를 어디에 둘 것인지, 왜 특별 전형이 필요하고 왜 지역 분배가 되어야 하는지 등에 대해서 세심하게 살피지 않으면 '공정'이라는 의도가 능력주의와 만나 기득권의 시스템을 공고히 하는 결과로 이어진다.

"다양성이 어디서 시작될까요. 어떤 분야가 전통적으로 백인 남자가 많다면 두각을 나타내는 사람도 백인 남자가 많기 마련이거든요. 그리고 당당하게 얘기하죠. 기준에 따라 가장 뛰어난 사람을 뽑았다고. 결국 전통적인 분야가 정통성이 있는 분야로 재생산됩니다. 사람을 뽑을 때 어떤 분야가 필요한지 판단하는 관점부터 돌아볼 필요가 있어요. 소위 '전통적'이지 않은 분야를 눈여겨봐야 합니다. 그쪽에 다양한 인재가 있어요."

미래의 인류학, 인류학자

연구년을 보낼 곳으로 한국을 선택한 이유가 궁금하다.

> "저는 종신 교수니까 젊었을 때 안기 어렵던 위험 부담
> 을 더 짊어질 수 있잖아요. 눈치 덜 보고, 의도했든 의도하
> 지 않았든 배제되었던 목소리, 다양한 관점을 찾아보고 아
> 우를 수 있는 일을 해 보려고 해요. 제가 그간 해 온 이야
> 기가 고인류학계 주류의 이야기라면, 앞으로는 조금 재미
> 없고 인기 없더라도, 이제는 리스크를 짊어져야 한다는 생
> 각이 들어서요."

안정적이 되었기 때문에 모험할 수 있다.

> "옛날보다는 지명도가 생겼기 때문에 말을 하면 들어
> 줄 사람들이 있단 말이죠. 그 기회를 아끼면 안 될 것 같아
> 요. 아시아를 중심으로 인류학 이야기를 다룬 책을 쓰고 싶
> 어요."

그런 그가 미국을 떠나서 발견한 것은 무엇이었을까.

"인류학은 식민지에 있던 타자를 대상으로 연구하는 학문이거든요. 공교롭게도 고인류학에서 가장 가치 있는 지역은 식민지인 거예요. 아프리카. 문화인류학자들처럼, 고인류학자들도 옛 식민지였던 국가들에 가서 연구하고 그 성과를 본국에서 발표해요. 2020년에 미국에서는 '흑인의 생명도 소중하다'(Black Lives Matter) 운동이 널리 퍼졌잖아요. 인류학 내에서는 흑인 연구자, 소수 민족 연구자, 나아가 흑인과 소수 민족의 이야기를 더 전면으로 배치하고 적극적으로 아울러야 한다는 목소리가 커지고 있거든요. 그런데 그게 쉽지가 않아요. 없거든요. 그동안 그런 목소리가 나오지 못하게 눌러 왔으니까. 쉽진 않지만, 대안이 없으면 비판은 그냥 식자들의 자기 위안 이상 아무것도 아니거든요. 비판의 목소리가 커지면서 소모전도 많았어요. 주류 학계에서는 그럼 어떻게 하면 좋겠냐고 묻는데 소수 민족이나 흑인 연구자들은 그것까지 알려 줘야 하느냐고 되묻게 되죠. 당신들이 지금까지 한 걸 보라고. 수백 년 동안 쌓아 온 것과 싸우는 작업이라 만만치가 않아요. 저는 연구자로서 그런 위험을 부담할 수 있는 자리에 있기 때문에 해 보려고요. 말로 설명해야 하면 이미 안 되는 거예요.

몸으로 겪어 낸 사람들은 보는 걸, 말만으로는 아무리 설
명해도 못 봐요."

소수 민족 문제가 그렇듯, 여성으로 경험하는 차별 역시
마찬가지다.

"한 발 벗어난 이야기인데, 자기 성찰의 목소리가 커지
지면서 소수 민족 남자들만 부상하는 경우도 생겨요. 그래
서 여성들이 더 목소리를 내야 해요."

인류의 진화는 헤아리기 어려운 까마득하게 긴 시간을 말
한다. 지구는 위기 상황이 생기면 생명을 멸종시키면서 대응
해 왔고, 그 시기마다 최상위 포식자들은 지구에서 사라졌
다. 지구가 앞으로 재난을 어떻게 돌파할지 묻자 웃음이 돌
아왔다.

"뭘 돌파해요.(웃음) 지금으로서는 예측할 수 없는 환경
에 적응한 종만 살아남겠죠. 지구에는 수많은 기후 위기
가 있었겠지만, 그중 화산 같은 기후 위기는 기록이 남아
서 살펴볼 수 있어요. 이탈리아에서 고대 유적지를 조사

하는데 화산 폭발로부터 시간이 지난 화산재 위에 발자국이 있더래요. 화산을 피해 도망가는 게 아니라 화산 쪽으로 향하는 네안데르탈인의 발자국이. 그 연구를 읽으면서 이상한 감동을 받았어요. 수많은 사람이 화산 폭발로 죽었겠죠. 그런데 궁금해서 거길 올라가 본 거예요. 제게는 너무 감동적이었어요. 인도네시아에서 토바 화산이 크게 폭발한 적이 있어요. 화산재가 엄청난 규모였기 때문에 넓은 지역에 오랫동안 구름이 드리우면서 지구상의 식물, 동물이 영향을 많이 받았을 거라고 봤죠. 그런데 인도쯤 되는 지역에서 그로부터 얼마 지나지 않은 시기의 석기 공작소가 발견되었어요. 지구가 내일 멸망해도 나는 석기를 만드는, 그런 느낌 아시겠어요? 눈 떠 보니까 나는 살아 있었던 거죠. 그래서 오늘 할 일을 하는 거예요. 우리가 할 수 있는 일은 예측 가능한 공정한 기회를 제공할 수 있도록 최선을 다해 좋은 교육을 만들기. 인간이 멸종하지 않겠다고 발버둥 치는 것보다 그게 더 낫지 않을까요. 멸종은 꼭 필요한 과정이에요. 중생대 지구는 엄청 예뻤어요. 그런데 공룡이 소행성 충돌로 불바다 속에서 죽어갈 때 얼마나 끔찍했겠어요? 하지만 지구는 다시 태어나서 새로운 생명체로 가득 차게 되었어요. 인간이 '우리가 없어지면 이 세상이 끝나는 거야!'라고 생각하는 것만큼 자만은 없다고 봐요. 인생에서 저는 이제 다음 단계를 준비한다고 생각해요. 아, 지금까지 놀이터에서 잘 놀았다. 나는 이제 학교에 가야 되고 다른 애들이 놀아야 하니까 놀이터를 치워야지. 청소도 하고, 모래사장도 가지런히 하고, 운동장이 기울어졌으면 판판하게 해 놓고, 쓰레기가 있으면 치우고. 다음 사람들을 위해서. 인간도 인류의 역사 속에서 그 단계에 있다고 생각해요. 우리가 없어진 세상을 준비하기. 그것은 우리가 멸종하지 않기 위해서가 아니고, 우리가 인간이기 때문에 하는 생각이에요. 인간은 미래를 생각하고 다음 세상을 생각하니까요."

가치를
생각하면

멀리 볼 수
있다

*범죄심리학자
이수정

연세대학교 심리학과에서 학사, 석사, 박사 과정을 마치고 미국 아이오와대학교에서 심리 측정 석사, 박사 과정을 수료했다. 현재 경기대학교 일반 대학원 범죄심리학과 교수로 재직 중이다. 범죄심리학에 관한 다수의 서적과 논문을 집필했고 주요 언론 매체를 통해 범죄 심리를 자문하고 있다. 최근 BBC 선정 영향력 있는 여성 100인, 주한 유럽 연합 선정 대한민국 여성 대표로 꼽혔다.

●

이수정 경기대학교 범죄심리학과 교수와 「이수정 이다혜의 범죄 영화 프로파일」이라는 팟캐스트를 함께 진행한 지 만으로 1년을 넘기고 알게 된 것이 하나 있다. 이수정 교수가 일을 하고, 하지 않는 이유는 돈이 아니다. 지명도를 높이는지 여부도 아니다. 그 기준을 묻자, "내 입장에서는 분명해."라며 웃는다. "돈이 얼마든 그건 중요하지 않아요." 광고 회사에서 수천만 원을 주겠다는 자동차 모델은 거절하고, 디지털 성폭력 관련한 공익 광고는 하는 식. "'아동 성폭력은 범죄입니다.'라고 한마디 나오는 게 나에게 굉장한 가치가 있죠."

2017년 가을 처음 만났던 날, 그는 장기간 가정 폭력 피해를 겪다 배우자를 살해한 여성을 면담하러 교도소에 다녀오는 길이라고 했다. 1년여가 지나 2019년 4월 17일 네이버 오디오클립 「이수정 이다혜의 범죄 영화 프로파일」이 첫 방송을 시작했고, 범죄 영화를 여성과 어린이, 피해자의 관점에서 다루며 호응을 얻어 오디오클립 문화예술 분야에서 1위를 했다. 그 방송을 묶은 책 출간 직전 정치권의 영입 제안을 거절한 이유를 물으니 "밖에서 여론이 뜨거워지면 국회의원들이 떠밀리듯이 입법하는 경우가 많거든. 누군가는 바깥에서 떠미는 노력을 해야지. 돈도 안 되고 명예도 없지만 불쏘시개 같은 인생도 가치가 있다고 생각한다면 할 일이 많은거 같아."라는 말이 돌아왔다. 다음으로 '떠밀' 법이 무엇이냐는 질문에도 답이 금방 나왔다. "스토킹 방지법이 꼭 있어야 한다고 생각해. 뻔히 예고된 죽음을 도저히 그냥 두고 볼수는 없어." 이 한결같음이, 얼마나 든든한지 전하고 싶다.

시간은 언제나 부족하다

아무리 많은 일을 거절해도 해야 하는 일이 그보다 더 많아 보이는 이수정 교수에게 하루를 어떻게 시작하는지부터 물었다. 아침 식사는 물과 커피. 혼자 일에 집중하는 시간을 갖는다.

"5시에서 6시 사이에 일어나요. 천천히 목욕을 하고, 그 날의 일정을 살피고, 대학원생들과 논의할 것을 확인하죠. 아침에 2시간 정도 연구 프로젝트 관련된 일을 하거나 전 날 받은 자료 피드백을 해요. 일단 집에서 나오면 낮에는 이동하느라 차 안에서 주로 시간을 보내니까. 아침을 놓치면 종일 일에 쫓기는 상황이 되거든요."

이수정 교수는 여성과 아동·청소년을 대상으로 하는 범죄의 심각성을 알리기 위해 오랫동안 노력해 왔다. 일반 대중과 국가 기관들을 상대로 가정 폭력, 디지털 성폭력을 비롯한 관련 법령 제정에 대해 멈추지 않고 말하는 중이다. 그런 만큼 신중하다. '일하기'에 중점을 둔 인터뷰를 청했을 때 응하기까지 망설인 이유도 그 신중함에 있었다.

"환상을 키우고 싶지 않아. 내가 이렇게 될 걸 누가 알았 겠어요. 그날그날 살아온 거지. 매일 성실하게 사는 것 말고 인간으로서 할 수 있는 일이 없어요. 다만 내가 추구하는 가치는 무엇인가 그것만 계속 생각하면 되지 싶어요. 내 가치는 다른 사람들을 돕고 싶다는 것이었지, 남들 앞

에 나서서 리더가 되거나 정치를 하고 싶었던 적이 없어
요. 내 가치만 정하면 돌아가더라도 계속 나아가는 거예요.
금방 이루지 못할 수 있어요. 나도 그랬고. 그래도 가는 거
지. 뚝심이 있는 게 중요한 거 같아. 뚝심 있게 가다 보면,
어느 경지에 도달해 있는 거지."

이수정 교수가 생각하는 가치는 언제 형성된 것일지가 궁
금했다. 다른 사람을 돕고 싶다는 가치가 심리학과 어떻게
만나게 되었을까. 어렸을 때 장래 희망은 특별한 것이 없었
다. 하지만 그때도 막연하나마 누군가에게 도움이 되는 일을
하고 싶다는 생각은 분명했다.

"우리 시대에는 구체적인 목표를 요구하지 않았어요. 학
교 교육을 잘 따라가기만 하면 모범생이었던 시기를 중학
교, 고등학교 때까지 보냈어요. 대학에 가서는 취업이 굉장
히 잘 되던 시절이라 전공이 중요하지 않았죠. 진로에 대
해 고민을 안 하던 분위기였어요."

그렇다면 왜 취업 대신 공부를 선택했을까.

"심리학을 전공하고 나서 공부를 계속해야겠다고 생각했어요. 학사만 해서는 갈피를 잡을 수가 없어요. 기본만 배우니까. 내가 관심을 가진 분야는 양적 연구였거든요. 미국에서 공부할 때 통계 돌리고 검사 만드는 작업을 했기 때문에 내게는 큰 기회였어요. 궁금한 걸 참지 못하는 성격과 맞아떨어졌던 거 같아요."

양적 연구 이전에 심리학은 인간을 탐구 대상으로 삼는다는 점에서 매력적이었다.

"나는 고등학교 2학년 이후로는 입시 준비를 못 했어요. 고등학교 때 사춘기를 심하게 겪어서 친구와의 관계 같은 것에 고민을 많이 했거든요. 게다가 반항심도 강했고. 내가 다닌 고등학교는 굉장히 강압적으로 공부를 시켰어요. 새벽부터 학교에 나오게 하고, 밤늦게까지 공부시키고. 그런 분위기가 너무 싫었어."

반항심은 학교에서 키웠다

"친구 하나가 가출을 한 적이 있어요. 사춘기에 있을 수

있는 일인데, 그 아이들이 경험하는 고민이라는 게 있잖아
요. 지금은 학교 폭력이라는 용어로 표현하는 알력 구조가
우리 때도 있었어요. 나는 키가 컸기 때문에 내 친구들은
흔히 말하는 '노는 애들'이었단 말이에요. 임신한 친구가
낙태할 돈을 빌리기 위해서 여기저기 알아보던 일도 있었
어요. 나는 내 인생과 싸우느라 정신이 없어서 주변을 둘
러볼 여유가 부족했지만, 그때 주변 친구들을 통해 본 소
위 '비행'이라는 것이, 지금 청소년 문제에 관심을 갖게 된
이유인 것 같아요. 대학교 들어가자마자 운동권 서클로 흘
러 들어갈 수 있는 길이 있었는데, 그보다는 야학 쪽으로
가는 게 맞겠다 싶었어요. 아동 보호 시설, 그러니까 고아
원에 일주일에 두 번씩 대학생이 가서 공부를 가르치는 야
학이 있었어요. 거기서 어린 학생들 보면서 많은 생각이
드는 거죠. 예전에는 사대문 안에도 고아원이 많았어요.
88올림픽 때문에 서울 외곽으로 다 쫓겨났지만. 우리가 가
르쳤던 신림동에 있던 고아원도 이제는 없어요. 아파트촌
이 됐지."

부당하다고 생각한 일에 대해서 말이든 행동이든 참지 않
는다. 학생일 때도 그 점은 크게 다르지 않았던 듯하다.

"어렸을 때부터 성격이 약간 모났던 거 같아. 억울한 건 못 참고, 뭐가 틀렸다고 생각하면 어떻게든 내 나름대로 반항을 했는데, 그게 고등학교 때 폭발하면서 입시 공부에서 손을 놓게 됐어요. 인간은 왜 이 모양인가 하는 생각을 하기 시작한 거죠. 학교의 성경 시간도 정말 화가 났어요. 나는 천주교 신자인데, 성당을 다니는 애들에게 마귀라고 하는 성경 선생님이 있는 게 부당했거든요. 학생들이 운동장에서 예배를 보다가 쓰러지는데도 설교를 멈추지 않는 거예요. 그게 너무 싫었어요. 그래서 전공은 내가 원하는 걸 선택했지. 심리학을 하고 싶었는데 당연히 제일 좋은 데를 가고 싶었지만 성적이 안 됐고, 심리학 말고는 다른 건 별로 생각을 안 해 봤어요."

하지만 대학 진학 때 2지망으로 생각했던 학과가 있긴 했다. '어떤' 사람이 되고 싶은지에 대해서라면 이미 그때 분명한 그림이 존재했다.

"우리 때는 대학에 응시할 때 세 학과에 지원할 수 있었어요. 1지망이 심리학과였고, 2지망이 사회복지학과였어요. 3지망이 신문방송학과였고. 돌이켜 보니까 내가 이 세 개를 다 하고 있는 거야. 야, 신기하다 하는 생각은 들죠. 그런데 아마도 첫 번째 걸 선택하지 않고 두 번째나 세 번째 걸 선택했으면 인생이 완전히 다르게 나갔겠지. 운명이 었는지 다행히 첫 번째에 합격했고, 나의 캐릭터를 중심으로 해서 커리어가 생긴 거죠."

야학에서 만난 아이들

"고아원 아이들을 대상으로 야학을 진행했기 때문에 아동 학대를 비롯해 십 대가 겪는 폭력이 내게는 낯선 주제가 아니에요. 나랑 같이 야학 하던 그 아이들이 다 가정 폭력, 학대 피해자들이었거든요. 그중에 자폐 남동생하고 사는 여자아이가 있었어요. 부모가 남매를 버려서 고아원에 와 있었던 거예요. 우리 어머니한테 그 남매를 입양하자고 졸랐었어요. 지금도 생각나는 게, 어머니가 나한테 정말 애걸복걸하면서 우리 키우는 것도 힘들어서 입양만은 안 된다고 하셨어요. 그러다 걔들이 해외 입양이 됐거든요. 그때도 굉장히 부당하다고 느꼈어요. 애들을 여러 가지 미명 아래 해외로 다 수출하는 거야. 그 남매는 다행히 한 나라로 간 것 같아요."

도와야 한다는 생각이 언제나 성공하는 것도, 진심이 언제나 상대에게 통하는 것도 아니었다.

"경제적으로 어려운 환경에서, 충분히 돌봄을 받지 못하고 성장하는 아이들은 조숙해요. 빨리 어른이 되거든요. 그때 내가 어린 마음에, 초등학교 4~5학년 정도 되는 아이가 엇나가려 한다고 생각하고는, 학교에 찾아갔어요. 이제막 문제가 생기기 시작한 아이였거든요. 담임 선생님을 만나 이 학생을 잘 살펴 달라고, 신경을 좀 써 줘야 할 것 같다고 했어요. 하지만 아이 입장에서 무지하게 자존심 상하는 일이었던 거죠. 당신이 뭔데 학교에 찾아오느냐고 화를내고, 한동안 관계가 좋지 않다가 극복하고. 그런 경험들이지금 내가 하는 일을 할 수밖에 없게 만든 토양이 됐다고봐요."

모두의 사건에 개입할 수도, 모두와 연락하며 평생을 책임질 수도 없다. 어디까지 개입해야 할지에 대한 원칙이 있을까.

잘 싸우는 법과
내 곁의 사람들

"그때 한계를 너무 많이 느꼈어요. 남의 삶에 개입해서
인생을 바꾼다는 일의 어려움을. 내 입장에서 맞는 방향이
라고 하지만 다른 사람에게 직접적인 영향을 미치는 게 생
각보다 쉬운 일이 아니구나를 많이 느꼈어요. 그래서 지금
도 사건의 피해자나 피의자를 만났을 때 나는 구체적으로

이래라저래라 하지 않아요. 자기 인생은 자기가 찾아가야 하는 것이고, 그 전제를 침해하거나 월권할 생각은 절대 없어요. 내가 하는 업무가 객관적이고 편파적이지 않게 보고되기를 원하고, 거기서 내 업무가 종료되기를 바라니까. 사건 관계인을 위해서는 전혀 도움이 되지 않는 일들을 부풀려 이용하는 사람들이 너무 많고, 그걸 커리어로 정치권까지 간 사람이 한둘이 아니잖아요. 그래서 내가 정치에 염증이 있는지도 모르겠어요."

이런 경험이 쌓이면 회의론자가 되는 쪽이 빠르지 않을까. 뉴스를 통해 사건을 접하면서도 어차피 안 바뀐다는 생각에 금방 빠져드는데. 이수정 교수를 지탱하는 인간에 대한 신의는 어디서 오는지가 늘 궁금했다.

"사람들이 어느 정도 성향을 가지고 태어나는지는 정확히 알 수 없거든요. 참 다행한 건 내가 쉽게 포기를 안 하는 성격이라는 거야. 부모님께 감사하게 여겨야 할 수도 있지만. 부모님 얘기를 어디서 한 번도 해 본 적이 없는데, 우리 부모님은 두 분 다 대졸자가 아니에요. 더구나 아버지는 손에 장애가 있었어요. 세관에 근무하셨는데 손이 세관 벨트에 끼어서 오른손으로는 평생 사인밖에 할 수 없었어요. 그런데도 자식들은 절대 어디 가서 포기하지 않게 굉장히 격려를 많이 해 주셨어요. 감사한 일이지. 근데 그러다 보니까 나에게 기대를 많이 하신 것 같아.(웃음) 당신들이 이루지 못하신 걸. 그래서 버거운 청소년기를 보냈거든요. 그런 종류의 기대가 어쩌면 나를 계속 끌고 온 이유가 되었던 것 같기도 하고. 이제 와서 보면 그렇다는 거지, 어떨 때는 부당하다고 느끼기도 했어요."

이수정 교수는 초등학교, 중학교, 고등학교, 대학교 친구들의 단체 채팅방에 매일 들어간다. 학창 시절에 친구 문제로 갈등이 있었고, 지금은 범죄심리를 가르치고 있기 때문에 어렸을 때의 친구들과는 잘 만나지 않으리라는 지레짐작은 완전히 빗나갔다. 이수정 교수가 범죄심리를 가르치고, 범죄에 대해 계속 말할 수 있는 이유는 사람을 믿지 못하기 때문이 아니라 믿기 때문이다. 인간의 선량함에 대한 신뢰, 힘을 합해 세상을 더 나은 곳으로 만들 수 있으리라는 믿음.

계속해야
후회하지 않을 일

"고등학교 때부터 갈등을 많이 겪다 보니까, 사고 능력
에는 문제가 없는데 왜 남을 배려하지 못하는 사람들이 있
는지 궁금했거든요. 조현병 환자들하고는 다르죠. 그래서
정서만 이상한 사람들을 연구해야겠다고 생각하던 차에
경기대학교 교양학부에서 교수를 맡게 된 거예요. 학교에
서는 통계를 할 줄 아니까 교도소 연구를 하라고 했어요.
그게 나에게 주어진 첫 번째 과제였죠. 문제는 범죄자를
만나려고 해도 못 만나게 하는 거예요. 그때는 법무부에서
연구를 백안시하던 시절이에요. 연구를 위한 연구를 한다
고 비난하면서. 거기다가 내가 필요로 한 데이터를 얻으려
면 성범죄 전과 13범을 만나야 했거든요. 여자인 내가 만
나겠다고 하니까 계속 거절당하는 거예요. 다들 포기하라
고 했는데 내가 그렇게 호락호락하게 포기하는 성격이 아
니잖아? 한편으로는 이 연구가 수월해질 때까지 계속해야
겠다는 결심을 했고, 연구를 하다 보니 여성이 얼마나 범
죄 피해에 많이 노출되는지 전에는 잘 알지 못했다는 생각
이 든 거예요. 아, 이걸 계속하면 나중에도 내가 후회를 하

지 않겠구나 싶었죠."

재소자 면담도 이수정 교수에게는 값진 시간이었다. 스트레스 받는 일이 아니라 어렵게 얻은 귀한 기회.

"수감자를 보지 않고는 절대 숙련이 안 되잖아요. 감사하는 마음이 있어요. 귀중한 기회를 얻었다고 생각하니까 면담이 어떤 내용이든 수용할 수 있더라고요. 인간 말종들 많거든. 그런 사람들의 진술도 내게는 너무 귀중한 거야. 그런 케이스가 실존하는 걸 만나서 눈으로 직접 확인하잖아요. 위험하다는 말뜻이 뭔지 이제는 알 거 같아. 20년 전에는 누가 누구에게 위험하다는 게 뭔지 모르고 공부를 시작했다니까. 강력 범죄자는 괴물 같겠지 막연히 생각만 해서는 이 바닥에서 입증이 불가능해요. 그 과정에서 성범죄자들이 우락부락하고 험악한 사람들이 아니라는 것도 알게 됐어요. 생각이 뒤틀려 있고 열등감에 사로잡혀 있고. 발기 부전인 사람도 많고. 이번에 우리 과에 성범죄자와, 아닌 사람의 남성 호르몬을 비교하는 연구로 석사 논문을 쓴 사람이 있어요. 간호사로 일하셨던 분의 연구인데 남성 호르몬 수치에 별로 차이가 없어요. 남성 호르몬 때문에 성폭행을 하는 게 아니에요. 남자라면 이렇게 해야 한다는 가부장적 사고 때문에 그걸 구현하려고 성폭행을 하는 거죠. 나도 지질하지 않은 남성이라는 입증을 피해자 앞에서 폭력적으로 보여 주는 일에 가치가 있다고 믿는 사람들이거든요. 성범죄의 동기를 성욕이라고 생각하면 오해라는 거야. 이런 얘기를 이제는 할 수 있지만 처음에는 아무것도 몰랐지."

너무 어려진
피해자들, 가해자들

"안 좋은 길로 들어섰다가도 빠져나올 수 있는 길이 많아야 선진국이거든요. 어느 단계에서나 빠져나오기가 어렵지 않아야 하고, 그러려면 모든 시스템이 서로 감시, 감독을 할 수 있어야 해요. 구조하는 시스템이 필요한 한편으로, 피해를 당했다면 피해를 고발할 수 있어야 하죠. 그런 시스템을 빈틈없이 만들자는 거예요. 아이들이 비행에 발을 들인다면 처음 경찰에 입건됐을 때부터 관련 단체들이 개입하고, 두 번째 했을 때는 또 다른 방식의 개입이 이루어지고, 소년원까지 다녀오면 어떤 종류의 후원이 따라

가는 식으로. 후원 시스템을 튼튼하게 구축해야만 해요. 우리가 가고 있는 길이 이 방향이에요. 피해자는 피해자들대로 범인이 안 잡히는 것에도 피해를 입어요. 성범죄의 경우 피해 여부를 입증하는 데 시간이 걸리고 그동안 2차, 3차 가해가 일어나잖아요. 그런 일은 막아야 해요. 조금이라도 자신의 안전에 위해가 있다면 공공 차원에서의 대책이 필요해요."

사람의 선의를 믿는 일을 멈추지 않는 동시에, 선악 이분법으로 타인을 쉽게 재단하지 않는다. 이것을 균형 감각이라고 부를 수도, 현실 감각이라고 부를 수도 있을 듯하다.

"사람들이 성선설과 성악설의 양 갈래 길에서 정의는 살아 있다든가, 완벽하게 착한 사람이 존재한다고 믿는 착각을 해요. 인간도 짐승이에요. 나도 짐승이고. 욕심이 앞설 때가 있단 말이에요. 그럼 내가 언제 욕심을 부리지 않느냐를 생각해 보면 혼자가 아니라는 점을 인식할 때란 말이죠. 내 행적이 공개될 수 있다는 사실을 깨달을 때는 나의 욕심을 절제하게 되거든요. 저에게 있어 감시의 눈은 학생들이에요."

가치를 생각하면 멀리 볼 수 있고, 학생들을 생각하면 눈 앞의 일에 매몰되지 않을 수 있다.

"돌이켜 보면 나는 하고 싶은 일이 있어서 공부를 방법으로 선택한 것 같아요. 막연하지만 누군가를 돕고 싶다. 이 세상에 태어나서 나 혼자 잘 먹고 잘살다가 죽고 싶지는 않다. 그런 생각을 아주 어릴 때부터 무지하게 많이 했어요. 다만 그걸 어떻게 하게 될지는 몰랐던 거지. 형사 정책 관련한 일을 해 보니까 범죄자들 인권만 중요하게 생각하지 그들에게 피해를 당한 사람들의 인권은 도대체가 아무도 관심을 안 가져요. 어제도 소년 범죄자들에 대한 형벌 시스템을 개선하기 위해 어떤 정책이 필요한가를 논의하는 회의를 했어요. 소년범들을 가능한 한 관대하게, 인간적으로 대하자는 혁신을 도모하려고 해요. 어제 나온 안 중에는, 범죄를 저지른 아이들이 법원으로 수갑 차고 와야하니까 검사가 경찰처럼 소년원에 와서 조사를 하자는 게 있었어요. 거기까진 오케이. 그런데 판사도 소년원에 가서재판을 하자는 거야. 나는 반대했어요. 재판을 소년원에서 하면 피해자는 진술을 하기 위해 소년원으로 가야 하는 거예요. 가해자 중심으로 재판이 운용되는 상황에서 피해자가 진술을 해야 한다는 거죠. 이건 좀 이상하다. 아무리 미성년 범죄자들의 인권 보호를 위해서라도 이해가 잘 되지 않는다. 그렇게 반대를 했지. 그랬더니 인권 단체에서 온 분들이 반인권적 발언인 양 취급을 했어요. 그래서 피해자들이 존재한다는 걸 계속 이야기해야 해요."

언론이 범죄 사건을 다루는 관점만큼이나, 형사 사건 제도의 클라이언트는 범죄자들이라는 걸 알아야 한다는 사실을 이수정 교수는 거듭 강조한다. 예를 들어 범죄를 수사하는 데 있어서 정의의 문제, 인권 침해의 문제는 지금까지 피의자의 인권 침해를 중심으로 따져 왔다. 적법한 절차를 거쳐서 피의자를 수사해야 하고, 방어권을 보장하기 위해 공소장을 공개하지 않는 것. 그 연장선상에서 얼굴도 가려 줬다. 피의자의 신상을 공개하느냐 마느냐를 극소수 사건에서만 논하게 된 것이다. 그런데 그 반대편에 있는 피해자들 입장에서는, 피해 내용이 다 드러날 수밖에 없다. 병원과 수사 기관에 드나드는 동안 언론에 사건이 보도되고, 속해 있는 학교나 직장 같은 곳에도 소문이 퍼진다. 피해 내용은 세세하게 알려지고, 때로는 사건의 자극적인 면만 부각된다. 가해자

처벌이 지지부진한 사이에 피해자만 사건에 매이는 일도 생기는 것이다.

　　"사법 제도는 피의자의 인권을 침해하는 제도라고 생각하는 사람들이 많아요. 70, 80년대에는 어느 날 갑자기 체포되고 군대에 끌려가던 시절이니까 그 세대가 보기에 사법 제도가 부당한 권력처럼 느껴질 수 있겠죠. 그런데 세상이 바뀌었잖아요. 그러면 바뀐 방향으로 가야 하거든요. 자기가 알고 있는 것만이 옳다고 믿는 사람들이 재판을 소년원에서 하자는 생각을 하게 된단 말이에요. 소년원에 있는 아이들에게 폭행을 당한 피해자들이 소년원으로 가서 어떻게 피해 진술을 하겠어요. 내가 성질이 더러워서, 아닌 건 아닌 상황을 참지를 못해. 그래서 얘기하는 수밖에 없어요. 계속."

　　가해자도 피해자도 미성년자인 범죄를 우리는 애석하게도 너무 자주 접한다. N번방 사건도 그렇다. 피해자들이 어떤 단계에서든 빠져나와 도움을 청할 수 있는 시스템을 갖추는 것과 동시에 가해자들이 범죄 이력을 쌓지 않게 하려면 어떻게 해야 할까.

"개인으로 보면 어리다, 어리지 않다 판단할 수 있을지 몰라도, 그들이 중범죄에 흘러 들어가는 연속선상에 있다면, 비행 이력의 초기 단계에 강력하게 개입해야 해요. 범죄가 습벽이 되면 변화가 어려워요. 이십 대 정도가 되면 자기가 뭘 잘못하는지 잘 모르는 데다가 인정하지도 않으려고 하거든요. 습벽이 굳기 전에 피해자에게든 가해자에게든 개입하는 게 맞아요. 피해자에게는 피해 초기 단계에 적극적으로 개입해서 보호해야 하는데, 아이가 보호를 받기 어려운 상황에 놓여 있다면 그 환경도 바꿔 주는 게 필요하겠죠. 아이를 학대하고 방임하는 부모도 있다는 사실을 잊어서는 안 돼요. 가해자도 마찬가지죠. 가해자에 대한 보호는 사법 제도 내에서, 피해자에 대한 보호는 여성가족부에서. 여성가족부에서 피해자 지원을 더 잘할 수 있도록 교육부도 적극적으로 협동해야 하고. 미성년자들에게 필요한 건 그 무엇보다도 교육이에요. 교육부가 나서지 않으면 이 문제는 해결되지 않아요."

프로파일러와
그 외의 직업들

이수정 교수의 강의를 듣는 대학원생들의 경력은 점점 다
양해지고 있다. 대학원에 오기 전의 이력을 살펴도, 이후의
진로를 살펴도 그렇다.

"처음에는 심리학을 전공한 사람을 뽑아 경찰청에 프로
파일러로 진출시키면 되겠다는 정도로 생각했어요. 1, 2기
졸업생은 프로파일러가 많아요. 지금은 프로그램이 커지
다 보니까 피해자 지원 업무를 하던 분도 오고, 검사나 변
호사 들도 와요. 덕분에 한 문제를 놓고 보는 시각이 무지
하게 다양해요. 아동 보호 전문 기관에서 아동 피해자를
지원하던 분들과 범죄자를 처벌하던 사람들이 만나면 토
론이 풍부해지잖아요. 전일제 학생들이 얻는 게 제일 많
죠. 나도 얻는 게 많아요. 학생들한테서 많이 배워. 우리가
2018년에 랜덤 채팅 애플리케이션을 대상으로 진행한 연
구는 성폭력 상담소에서 일했던 학생이 제안한 것이었어
요. 여성가족부 연구 지원 사업 공고가 떴는데 자기가 무
조건 하겠다고 해서 그 친구를 믿고 시작했어요. 2018년

여름에 아이들을 유인하려는 진짜진짜 많은 아저씨들과 함께 지냈지. 각종 성기 사진을 보면서. 대학원생들이 서로에게, 그리고 내게 많은 직관과 통찰을 줘요. 그 제안을 했던 학생은 청소년 성범죄 피해자들을 지원하는 '탁틴내일'이라는 여성 단체에 가서 관련된 일을 계속하고 있어요. 아동·청소년 대상 그루밍 성범죄에 관한 법률을 만들기 위해 열심히 뛰어다니고 있지."

그의 제자들은 범죄심리 분석 요원, 피해자 지원 요원, 보호감찰관, 법원 조사관, 진술분석관 등 다양한 모습으로 일하고 있다. 그들이 모두 페미니스트인 것은 아니다. 진로 역시 피해자 지원에만 쏠려 있지는 않다.

마지막으로는, 아동·청소년이 성범죄의 피해자가 되는 일을 막기 위해 어떤 조치가 필요한지 물었다.

"내가 나 자신을 먼저 사랑해야 해, 일단. 내가 나를 사랑한다면 위험한 상황에 나를 노출시키는 건 별로 좋은 생각이 아니란 걸 알게 되죠. 어렸을 때부터 아이들에게 성범죄의 위험에 대해서 인지시킬 필요가 있어요. 모르는 사람을 만나는 건 굉장히 위험한 일이란 말이에요. 랜덤 채팅이라는 것 자체가 위험하다고 보는 게 맞아요. 모르는 사람을 익명으로 만난다? 나이가 어릴수록 이득보다는 실이 훨씬 더 많아요. 이 세상은 정글 같은 곳이에요. 가진 자가 갖지 못한 자들을 다 착취하는 구조거든요. 그들이 가진 것은 나이일 수도, 남성이라는 성별일 수도 있어요. 아직 충분히 성장해서 안정성을 갖추지 못한 사람들이 언제나 신경을 써야 하는 불편한 세상이라는 걸 알려 줘야 할 필요가 있다고 생각해요. 궁금증을 해소하기 위해 본인이 직접 길거리로 나서는 순간, 세상의 많은 프레데터들과 마주하게 되죠."

그에게 다음 일정 때문에 전화 두 통이 연달아 걸려 왔다. 자주 있는 일이다. 범죄 피해자들의 입장에서 멈추지 않고 발언하는 이수정 교수의 활약에 변치 않는 응원을 보내지만, 역시, 응원하지 않아도 되는 날이 온다면 그만큼 좋은 일은 없을 것이다. 인터뷰를 서둘러 마칠 즈음, 그가 말했다.

"있지, 내가 조용할 때는 세상이 평화로워. 그렇기 때문에 내가 바쁘면 좋지 않은 일이야. 아무도 나를 찾지 않을 때가 좋은 세상. 아무도 나를 찾을 일이 없어야 해."

내일을 위한 내 일

일 잘하는 여성들은 어떻게 내 직업을 발견했을까?

초판 1쇄 발행 • 2021년 1월 15일
초판 4쇄 발행 • 2024년 9월 23일

지은이 • 이다혜
펴낸이 • 염종선
책임편집 • 이현선 이하나
조판 • 박아경
펴낸곳 • (주)창비
등록 • 1986년 8월 5일 제85호
주소 • 10881 경기도 파주시 회동길 184
전화 • 031-955-3333
팩시밀리 • 영업 031-955-3399 편집 031-955-3400
홈페이지 • www.changbi.com
전자우편 • ya@changbi.com